KB138484

일 빵빵
— 왕 초 보 —
일본어

일빵빵 +
왕초보 일본어 1
© 2024 by 토마토출판사

초판 제1쇄	2018년 1월 31일
초판 제8쇄	2024년 3월 25일

기획	일빵빵어학연구소
감수	이시이 나오미
펴낸곳	토마토출판사
주소	서울 마포구 양화로 161 727호
TEL	1544-5383
홈페이지	www.tomato4u.com
E-mail	support@tomato4u.com
등록	2012.1.11.

* 잘못된 책은 구입처에서 교환해드립니다.

* 가격은 뒤표지에 있습니다.

* 이 책은 국제저작권법에 의해 보호받으므로 어떠한 형태로든 전재, 복제, 표절을 금합니다.

1

명사 & な형용사 편

토마토
출판사

이 책의 구성

문장구조

기초적으로 알아야 하는 문법 요소를 '넣었다 뺐다' 공식을 통해
배워봅니다. 빈칸에 원하는 단어를 넣으면 말하고 싶은 문장을
만들 수 있습니다.

단어공부

한 강의당 10개의 단어를 공부합니다.
이 책에는 JLPT N4~N5 수준의 **단어**들만 실었으며
배운 단어를 자연스럽게 복습할 수 있도록 구성했습니다.

문장만들기

이제 직접 문장을 만들어 봅시다. '문장구조'에서 배운
기초 문법을 토대로 하여 '단어공부'에서 배운 단어를
넣어 보며 문장 만드는 연습을 해 보세요.

문장듣고따라하기

배웠던 문장구조에 유의하며 책에 수록된 문장들을
원어민 발음으로 듣고 따라 해 보세요.

배운문장연습하기

강의 내용을 제대로 익혔는지 확인해 봅시다.
제시된 한국어 문장을 보면서 일본어 문장을 만들어 보고,
'연습문제 정답'을 통해 몇 개나 맞았는지 확인해 보세요.

일빵빵
왕초보 일본어는

하나,
유튜브 무료 강의로 언제, 어디서나
쉽게 공부할 수 있습니다.

둘,
초보자의 눈높이에 딱 맞는 난이도로,
꼭 필요한 내용들을 골라 구성하였습니다.

셋,
가장 기본적인 발음부터 문법, 회화까지
일본어의 기본기를 확실히 다질 수 있습니다.

이제 **일빵빵**과 함께
일본어의 첫걸음을 내딛어 보세요!

강의는 일빵빵 공식 유튜브 채널을 통해
무료로 들을 수 있습니다

유튜브 검색창에 "일빵빵"을 검색해서 강의를 청취하세요.

일본어의 문자

일본어는 세 종류의 문자를 섞어서 사용합니다.

> **01** 히라가나(ひらがな)
> **02** 가타카나(カタカナ)
> **03** 한자 (漢字)

일본어 공부를 시작하기 전에 각 문자에 대해 간단히 알아볼까요?

01 히라가나 ひらがな

히라가나는 일본어에서 가장 기본이 되는 문자로, 조사나 동사의 활용어미, 조동사 등을 표시할 때 쓰입니다. 모양이 부드러워서 여성적인 느낌을 주는데, 실제로 예전에는 한자에 익숙하지 않은 여성들이 주로 사용하여 '온나데(女手)'라고 불리기도 하였습니다. 현대 일본어에서는 남자와 여자 구분 없이 일본어의 가장 기본이 되는 문자로 자리잡아, 일본어 공부를 시작할 때 가장 먼저 익혀야 하는 문자입니다.

02 가타카나 カタカナ

가타카나는 주로 외래어를 표기할 때 사용되는 문자입니다. 의성어나 의태어를 나타낼 때도 가타카나가 쓰이며 원래 히라가나나 한자로 쓰이는 단어를 강조하고 싶을 때 가타카나로 표기하기도 합니다. 최근에는 우리나라처럼 일본도 외래어의 사용이 많아지면서 가타카나의 사용 비중도 높아졌기에, 가타카나도 일본어를 공부하기 위해 반드시 익혀 두어야 하는 문자입니다. 또한 일본어 외래어는 원어와 발음이 아주 다른 경우가 많으므로, 익숙한 단어이더라도 정확한 철자를 외워 둘 필요가 있습니다.

03 한자 漢字

일본어는 외래어를 제외한 대부분의 단어들이 한자로 이루어져 있습니다. 일본어의 몇몇 한자는 한국에서 쓰는 한자와 다른 약자가 쓰이기 때문에, 한자 공부를 시작하면 주의해서 외워두어야 합니다. 또한 우리나라에서는 한자를 음으로만 읽지만 일본에서는 '음'과 '뜻' 두가지 방법으로 읽습니다. 음으로 읽는 것을 '음독', 뜻으로 읽는 것을 '훈독'이라고 합니다.
《일빵빵 왕초보 1-명사&형용사》편에서는 아직 한자에 대해서는 다루지 않기 때문에 한자로 쓰이는 단어들을 모두 히라가나로 표기했습니다.

목차 일빵빵 왕초보 일본어 1

명사 & な형용사 편

일빵빵 왕초보 일본어 1
명사 & な형용사 편

■ 일본어 문자와 발음

1강

1강 일본어 문자와 발음

히라가나 (ひらがな)

청음	あ단	い단	う단	え단	お단
あ행	あ 아	い 이	う 우	え 에	お 오
か행	か 카	き 키	く 쿠	け 케	こ 코
さ행	さ 사	し 시	す 스	せ 세	そ 소
た행	た 타	ち 치	つ 츠	て 테	と 토
な행	な 나	に 니	ぬ 누	ね 네	の 노
は행	は 하	ひ 히	ふ 후	へ 헤	ほ 호
ま행	ま 마	み 미	む 무	め 메	も 모

청음	あ단	い단	う단	え단	お단
や행	や 야		ゆ 유		よ 요
ら행	ら 라	り 리	る 루	れ 레	ろ 로
わ행	わ 와				を 오
	ん 응				
탁음	が 가	ぎ 기	ぐ 구	げ 게	ご 고
	ざ 자	じ 지	ず 즈	ぜ 제	ぞ 조
	だ 다	ぢ 지	づ 즈	で 데	ど 도
	ば 바	び 비	ぶ 부	べ 베	ぼ 보
반탁음	ぱ 파	ぴ 피	ぷ 푸	ぺ 페	ぽ 포

배운글자연습하기

あ행

あ
아

い
이

う
우

え
에

お
오

か행

か
카

き
키

く
쿠

け
케

こ
코

19

배운글자연습하기

さ행

さ
사

し
시

す
스

せ
세

そ
소

た행

た
타

ち
치

つ
츠

て
테

と
토

배운글자연습하기

な행

な 나	な
に 니	に
ぬ 누	ぬ
ね 네	ね
の 노	の

は행

は
하

は

ひ
히

ひ

ふ
후

ふ

へ
헤

へ

ほ
호

ほ

배운글자연습하기

ま행

ま 마	ま
み 미	み
む 무	む
め 메	め
も 모	も

ら행

ら
라

り
리

る
루

れ
레

ろ
로

배운글자연습하기

や행, わ행, ん

や 야

ゆ 유

よ 요

わ 와

を 오

ん 응

빈칸에 우리말 뜻에 맞는 일본어 글자와 발음을 써보고,
소리 내어 읽으면서 연습해 보세요.

탁음

が 가

が

ぎ 기

ぎ

ぐ 구

ぐ

げ 게

げ

ご 고

ご

27

배운글자연습하기

탁음

ざ
자

ざ

じ
지

じ

ず
즈

ず

ぜ
제

ぜ

ぞ
조

ぞ

탁음

だ
다

ぢ
지

づ
즈

で
데

ど
도

배운글자연습하기

탁음

ば
바

び
비

ぶ
부

べ
베

ぼ
보

반탁음

ぱ
파

ぴ
피

ぷ
푸

ぺ
페

ぽ
포

일본어 문자와 발음

가타카나(カタカナ)

청음	ア단	イ단	ウ단	エ단	オ단
ア행	ア 아	イ 이	ウ 우	エ 에	オ 오
カ행	カ 카	キ 키	ク 쿠	ケ 케	コ 코
サ행	サ 사	シ 시	ス 스	セ 세	ソ 소
タ행	タ 타	チ 치	ツ 츠	テ 테	ト 토
ナ행	ナ 나	ニ 니	ヌ 누	ネ 네	ノ 노
ハ행	ハ 하	ヒ 히	フ 후	ヘ 헤	ホ 호
マ행	マ 마	ミ 미	ム 무	メ 메	モ 모

청음	ア단	イ단	ウ단	エ단	オ단
ヤ행	ヤ 야		ユ 유		ヨ 요
ラ행	ラ 라	リ 리	ル 루	レ 레	ロ 로
ワ행	ワ 와				ヲ 오
	ン 응				
탁음	ガ 가	ギ 기	グ 구	ゲ 게	ゴ 고
	ザ 자	ジ 지	ズ 즈	ゼ 제	ゾ 조
	ダ 다	ヂ 지	ヅ 즈	デ 데	ド 도
	バ 바	ビ 비	ブ 부	ベ 베	ボ 보
반탁음	パ 파	ピ 피	プ 푸	ペ 페	ポ 포

배운글자연습하기

ア행

ア
아

イ
이

ウ
우

エ
에

オ
오

力행

力
카

キ
키

ク
쿠

ケ
케

コ
코

배운글자연습하기

サ행

サ
사

サ

シ
시

シ

ス
스

ス

セ
세

セ

ソ
소

ソ

夕행

タ
타

タ

チ
치

チ

ツ
츠

ツ

テ
테

テ

ト
토

ト

배운글자연습하기

ナ행

ナ
나

ニ
니

ヌ
누

ネ
네

ノ
노

ハ행

ハ
하

ヒ
히

フ
후

ヘ
헤

ホ
호

배운글자연습하기

マ행

マ
마

ミ
미

ム
무

メ
메

モ
모

ラ행

ラ
라

リ
리

ル
루

レ
레

ロ
로

배운글자연습하기

ヤ행, ワ행, ン

ヤ
야

ヤ

ユ
유

ユ

ヨ
요

ヨ

ワ
와

ワ

ヲ
오

ヲ

ン
응

ン

빈칸에 우리말 뜻에 맞는 일본어 글자와 발음을 써보고,
소리 내어 읽으면서 연습해 보세요.

탁음

ガ 가 　ガ

ギ 기 　ギ

グ 구 　グ

ゲ 게 　ゲ

ゴ 고 　ゴ

43

배운글자연습하기

탁음

ザ ザ
자

ジ ジ
지

ズ ズ
즈

ゼ ゼ
제

ゾ ゾ
조

탁음

ダ
다

ダ

ヂ
지

ヂ

ヅ
즈

ヅ

デ
데

デ

ド
도

ド

배운글자연습하기

탁음

バ
바

ビ
비

ブ
부

ベ
베

ボ
보

반탁음

パ
파

   パ

ピ
피

   プ

プ
푸

   プ

ペ
페

   ペ

ポ
포

   ポ

장음

■ 장음

「あ, い, う, え, お」 앞에 오는 특정한 글자를 길게 발음합니다.
이때 앞 글자(한 박자) + 「あ,い,う,え,お」(한 박자) = 총 두 박자로
발음하는 것에 주의합니다.

	단어	발음	뜻
あ단 + あ	おかあさん	[오까–상 ·]	어머니
い단 + い	おじいさん	[오지–상 ·]	할아버지
う단 + う	くうき	[쿠–키]	공기
え단 + え	おねえさん	[오네–상 ·]	언니
え단 + い	せんせい	[센 · 세–]	선생님
お단 + お	おおさか	[오–사카]	오사카
お단 + う	おとうさん	[오또–상 ·]	아버지
요음 + う	きょう	[쿄–]	오늘

※ 가타카나의 장음

가타카나의 장음은 「一」로 표시합니다.

ビール [비–루] : 맥주

요음과 촉음

■ 요음

「や, ゆ, よ」를 い단음 뒤에 작은 글자로 쓰면 한 글자처럼 발음합니다.

단어	발음	뜻
おちゃ	o cha [오챠]	차(茶)
しゅじん	shu zin [슈징·]	남편
りょこう	ryo ko: [료코-]	여행

■ 촉음

촉음은 「つ」를 작게 써서 나타내며, 발음은 바로 뒤에 오는 글자와 같습니다. 발음할 때 음의 길이가 한 박자인 것에 주의하세요.

단어	발음	뜻
しっかり	sik ka ri [식·카리]	단단히
いっしょに	is sho ni [잇·쇼니]	함께, 같이
きっと	kit to [킷·또]	반드시, 꼭
しっぱい	sip pa i [십·빠이]	실패

발음(撥音)

■ 발음

일본어의 「ん」은 뒤에 오는 글자에 따라 'ㄴ,ㅁ,ㅇ'으로 발음하며 촉음과 같이 한 박자로 읽습니다. 일반적으로 발음은 4가지 종류로 구분합니다.

(1) 'ㅇ'으로 발음 [ŋ]

「か・が」행 앞에 올 때

| かんこく | [캉·코쿠] | 한국 |
| りんご | [링·고] | 사과 |

(2) 'ㄴ'으로 발음 [n]

「さ・ざ・た・だ・な・ら」행 앞에 올 때

| みんな | [민·나] | 모두 |
| うんどう | [운·도-] | 운동 |

(3) 'ㅁ'으로 발음 [m]

「ま・ば・ぱ」행 앞에 올 때

ぜんぶ	[젬·부]	전부
しんぶん	[심·붕·]	신문

(4) 'ㄴ'과 'ㅇ'의 중간 소리로 발음 [N]

「あ・は・や・わ」앞이나 가장 끝에 올 때

ほんや	[홍·야]	서점
でんわ	[뎅·와]	전화

* [N] 발음의 경우 な형용사의 기본형을 나타내는 어미 「だ」앞에서는 'ㄴ'으로 표기하고 그 외의 경우는 모두 'ㅇ'으로 표기하였습니다. 단, 「なん」의 경우는 [난·]으로 표기하였습니다.

일빵빵 왕초보 일본어 1
명사 & な형용사 편

■ 명사 문장 익히기
2강 ~ 10강

2강 나는 학생입니다

문장구조

주어 + **は** + ⬜ + **です**

　　　　　은/는　　　　　　　　　 ~입니다

* は가 조사 「은/는」으로 쓰일 때는 '와'로 발음합니다.

단어공부

がくせい [가쿠세-]	학생	**こうこうせい** [코-코-세-]	고등학생
せんせい [센 · 세-]	선생님	**かいしゃいん** [카이샤잉 ·]	회사원
いしゃ [이샤]	의사	**かんごし** [캉 · 고시]	간호사
がか [가까]	화가	**さっか** [삭 · 까]	작가
かしゅ [카슈]	가수	**きしゃ** [키샤]	기자

---

* 무성자음[か·さ·た·は·ぱ행]과 무성자음 사이에 모음 い 나 う가 올 경우 이 모음은 무성음이 되어 발음이 약해집니다. 그래서 がくせい 같은 경우 가운데 [-kuse-]에서 모음 u가 무성자음 k와 s사이에서 무성화되어 '쿠'를 약하게 발음합니다.

문장을 만들어 봅시다.

わたし + **は** + **がくせい** + **です**
나/저   은/는   학생   ~입니다

こうこうせい
고등학생

かれ
그

せんせい
선생님

かのじょ
그녀

かいしゃいん
회사원

いしゃ
의사

たなかさん
다나카 씨

かんごし
간호사

がか
화가

パクさん
박 씨

さっか
작가

かしゅ
가수

きしゃ
기자

■ 인칭대명사

1인칭	2인칭	3인칭
わたし (나/저)	あなた (너/당신)	かれ (그) かのじょ (그녀)

わたしはがくせいです。
나는 학생입니다.

わたしはこうこうせいです。
나는 고등학생입니다.

わたしはせんせいです。
나는 선생님입니다.

わたしはかいしゃいんです。
나는 회사원입니다.

たなかさんはいしゃです。
다나카 씨는 의사입니다.

たなかさんはかんごしです。

다나카 씨는 간호사입니다.

たなかさんはがかです。

다나카 씨는 화가입니다.

たなかさんはさっかです。

다나카 씨는 작가입니다.

パクさんはかしゅです。

박 씨는 가수입니다.

パクさんはきしゃです。

박 씨는 기자입니다.

パクさんはがくせいです。
박 씨는 학생입니다.

パクさんはこうこうせいです。
박 씨는 고등학생입니다.

かれはせんせいです。
그는 선생님입니다.

かれはかいしゃいんです。
그는 회사원입니다.

かれはいしゃです。
그는 의사입니다.

かれはかんごしです。

그는 간호사입니다.

かのじょはがかです。

그녀는 화가입니다.

かのじょはさっかです。

그녀는 작가입니다.

かのじょはかしゅです。

그녀는 가수입니다.

かのじょはきしゃです。

그녀는 기자입니다.

배운문장연습하기

01. 나는 학생입니다.

02. 나는 고등학생입니다.

03. 나는 선생님입니다.

04. 나는 회사원입니다.

05. 다나카 씨는 의사입니다.

06. 다나카 씨는 간호사입니다.

07. 다나카 씨는 화가입니다.

08. 다나카 씨는 작가입니다.

09. 박 씨는 가수입니다.

10. 박 씨는 기자입니다.

11. 박 씨는 학생입니다.

12. 박 씨는 고등학생입니다.

13. 그는 선생님입니다.

14. 그는 회사원입니다.

15. 그는 의사입니다.

16. 그는 간호사입니다.

17. 그녀는 화가입니다.

18. 그녀는 작가입니다.

19. 그녀는 가수입니다.

20. 그녀는 기자입니다.

연습문제정답

01. 나는 학생입니다.

わたしはがくせいです。

02. 나는 고등학생입니다.

わたしはこうこうせいです。

03. 나는 선생님입니다.

わたしはせんせいです。

04. 나는 회사원입니다.

わたしはかいしゃいんです。

05. 다나카 씨는 의사입니다.

たなかさんはいしゃです。

06. 다나카 씨는 간호사입니다.

たなかさんはかんごしです。

07. 다나카 씨는 화가입니다.

たなかさんはがかです。

08. 다나카 씨는 작가입니다.

たなかさんはさっかです。

09. 박 씨는 가수입니다.

パクさんはかしゅです。

10. 박 씨는 기자입니다.

パクさんはきしゃです。

11. 박 씨는 학생입니다.

パクさんはがくせいです。

12. 박 씨는 고등학생입니다.

パクさんはこうこうせいです。

13. 그는 선생님입니다.

かれはせんせいです。

14. 그는 회사원입니다.

かれはかいしゃいんです。

15. 그는 의사입니다.

かれはいしゃです。

16. 그는 간호사입니다.

かれはかんごしです。

17. 그녀는 화가입니다.

かのじょはがかです。

18. 그녀는 작가입니다.

かのじょはさっかです

19. 그녀는 가수입니다.

かのじょはかしゅです。

20. 그녀는 기자입니다.

かのじょはきしゃです。

3강   이것은 카메라가 아닙니다

문장구조

주어 + **は** + ⬚ + **じゃないです**

은/는   ~이/가 아닙니다

단어공부

テーブル [테-부루]	테이블	**テレビ** [테레비]	텔레비전
でんわ [뎅·와]	전화	**おもちゃ** [오모챠]	장난감
かがみ [카가미]	거울	**かぎ** [카기]	열쇠
にんぎょう [닝·교-]	인형	**ふとん** [후통·]	이불
カメラ [카메라]	카메라	**いす** [이스]	의자

64

문장을 만들어 봅시다.

これ + **は** + **テーブル** + **じゃないです**
이것   은/는   테이블   ~이/가 아닙니다

テレビ
텔레비전

それ
그것

でんわ
전화

あれ
저것

おもちゃ
장난감

かがみ
거울

かぎ
열쇠

にんぎょう
인형

ふとん
이불

カメラ
카메라

いす
의자

* これ는 '이것', それ는 '그것', あれ는 '저것'이라는 뜻입니다. 앞으로도 계속 나오니 외워 두세요.

문장듣고따라하기

これはカメラじゃないです。
이것은 카메라가 아닙니다.

これはテレビじゃないです。
이것은 텔레비전이 아닙니다.

これはでんわじゃないです。
이것은 전화가 아닙니다.

これはおもちゃじゃないです。
이것은 장난감이 아닙니다.

これはかがみじゃないです。
이것은 거울이 아닙니다.

これはかぎじゃないです。
이것은 열쇠가 아닙니다.

これはにんぎょうじゃないです。
이것은 인형이 아닙니다.

それはふとんじゃないです。
그것은 이불이 아닙니다.

それはテーブルじゃないです。
그것은 테이블이 아닙니다.

それはいすじゃないです。
그것은 의자가 아닙니다.

문장듣고따라하기

それはカメラじゃないです。
그것은 카메라가 아닙니다.

それはテレビじゃないです。
그것은 텔레비전이 아닙니다.

それはでんわじゃないです。
그것은 전화가 아닙니다.

あれはおもちゃじゃないです。
저것은 장난감이 아닙니다.

あれはかがみじゃないです。
저것은 거울이 아닙니다.

あれはかぎじゃないです。

저것은 열쇠가 아닙니다.

あれはにんぎょうじゃないです。

저것은 인형이 아닙니다.

あれはふとんじゃないです。

저것은 이불이 아닙니다.

あれはテーブルじゃないです。

저것은 테이블이 아닙니다.

あれはいすじゃないです。

저것은 의자가 아닙니다.

배운문장연습하기

01. 이것은 카메라가 아닙니다.

02. 이것은 텔레비전이 아닙니다.

03. 이것은 전화가 아닙니다.

04. 이것은 장난감이 아닙니다.

05. 이것은 거울이 아닙니다.

06. 이것은 열쇠가 아닙니다.

07. 이것은 인형이 아닙니다.

08. 그것은 이불이 아닙니다.

09. 그것은 테이블이 아닙니다.

10. 그것은 의자가 아닙니다.

11. 그것은 카메라가 아닙니다.

12. 그것은 텔레비전이 아닙니다.

13. 그것은 전화가 아닙니다.

14. 저것은 장난감이 아닙니다.

15. 저것은 거울이 아닙니다.

16. 저것은 열쇠가 아닙니다.

17. 저것은 인형이 아닙니다.

18. 저것은 이불이 아닙니다.

19. 저것은 테이블이 아닙니다.

20. 저것은 의자가 아닙니다.

연습문제정답

01. 이것은 카메라가 아닙니다.

これはカメラじゃないです。

02. 이것은 텔레비전이 아닙니다

これはテレビじゃないです。

03. 이것은 전화가 아닙니다

これはでんわじゃないです。

04. 이것은 장난감이 아닙니다.

これはおもちゃじゃないです。

05. 이것은 거울이 아닙니다.

これはかがみじゃないです。

06. 이것은 열쇠가 아닙니다.

これはかぎじゃないです。

07. 이것은 인형이 아닙니다.

これはにんぎょうじゃないです。

08. 그것은 이불이 아닙니다.

それはふとんじゃないです。

09. 그것은 테이블이 아닙니다.

それはテーブルじゃないです。

10. 그것은 의자가 아닙니다.

それはいすじゃないです。

11. 그것은 카메라가 아닙니다.

それはカメラじゃないです。

12. 그것은 텔레비전이 아닙니다.

それはテレビじゃないです。

13. 그것은 전화가 아닙니다.

それはでんわじゃないです。

14. 저것은 장난감이 아닙니다.

あれはおもちゃじゃないです。

15. 저것은 거울이 아닙니다.

あれはかがみじゃないです。

16. 저것은 열쇠가 아닙니다.

あれはかぎじゃないです。

17. 저것은 인형이 아닙니다.

あれはにんぎょうじゃないです。

18. 저것은 이불이 아닙니다.

あれはふとんじゃないです

19. 저것은 테이블이 아닙니다.

あれはテーブルじゃないです。

20. 저것은 의자가 아닙니다.

あれはいすじゃないです。

그는 부자가 아닙니다

문장구조

주어 + は + ⬜⬜⬜ + ではありません

은/는   ~이/가 아닙니다

* 「じゃないです」와 「ではありません」 둘 다 '~이/가 아닙니다'라는 뜻이
지만, 「ではありません」이 좀 더 정중하고 격식 있는 표현입니다.

단어공부

だいがくせい [다이가쿠세-]	대학생	**りゅうがくせい** [류-가쿠세-]	유학생
しょうぼうし [쇼-보-시]	소방관	**けいかん** [케-캉·]	경찰관
おかねもち [오카네모치]	부자	**かびん** [카빙·]	꽃병
くだもの [쿠다모노]	과일	**ざっし** [잣·시]	잡지
みず [미즈]	물	**はな** [하나]	꽃

문장을 만들어 봅시다.

わたし ＋ は ＋ だいがくせい ＋ ではありません
나/저　　은/는　　대학생　　　　~이/가 아닙니다

りゅうがくせい
유학생

よしもとさん
요시모토 씨

しょうぼうし
소방관

キムさん
김 씨

けいかん
경찰관

かれ
그

おかねもち
부자

かのじょ
그녀

これ ＋ は ＋ かびん ＋ ではありません
이것　　은/는　　꽃병　　　~이/가 아닙니다

くだもの
과일

それ
그것

ざっし
잡지

あれ
저것

みず
물

はな
꽃

わたしはだいがくせいではありません。

나는 대학생이 아닙니다.

わたしはりゅうがくせいではありません。

나는 유학생이 아닙니다.

よしもとさんはしょうぼうしではありません。

요시모토 씨는 소방관이 아닙니다.

よしもとさんはけいかんではありません。

요시모토 씨는 경찰관이 아닙니다.

キムさんはおかねもちではありません。

김 씨는 부자가 아닙니다.

キムさんはだいがくせいではありません。
김 씨는 대학생이 아닙니다.

かれはりゅうがくせいではありません。
그는 유학생이 아닙니다.

かれはしょうぼうしではありません。
그는 소방관이 아닙니다.

かのじょはけいかんではありません。
그녀는 경찰관이 아닙니다.

かのじょはおかねもちではありません。
그녀는 부자가 아닙니다.

문장듣고따라하기

これはかびんではありません。
이것은 꽃병이 아닙니다.

これはくだものではありません。
이것은 과일이 아닙니다.

これはざっしではありません。
이것은 잡지가 아닙니다.

それはみずではありません。
그것은 물이 아닙니다.

それはかびんではありません。
그것은 꽃병이 아닙니다.

それははなではありません。

그것은 꽃이 아닙니다.

あれはくだものではありません。

저것은 과일이 아닙니다.

あれはざっしではありません。

저것은 잡지가 아닙니다.

あれはみずではありません。

저것은 물이 아닙니다.

あれはかびんではありません。

저것은 꽃병이 아닙니다.

배운문장연습하기

01. 나는 대학생이 아닙니다.

02. 나는 유학생이 아닙니다.

03. 요시모토 씨는 소방관이 아닙니다.

04. 요시모토 씨는 경찰관이 아닙니다.

05. 김 씨는 부자가 아닙니다.

06. 김 씨는 대학생이 아닙니다.

07. 그는 유학생이 아닙니다.

08. 그는 소방관이 아닙니다.

09. 그녀는 경찰관이 아닙니다.

10. 그녀는 부자가 아닙니다.

11. 이것은 꽃병이 아닙니다.

12. 이것은 과일이 아닙니다.

13. 이것은 잡지가 아닙니다.

14. 그것은 물이 아닙니다.

15. 그것은 꽃병이 아닙니다.

16. 그것은 꽃이 아닙니다.

17. 저것은 과일이 아닙니다.

18. 저것은 잡지가 아닙니다.

19. 저것은 물이 아닙니다.

20. 저것은 꽃병이 아닙니다.

연습문제정답

01. 나는 대학생이 아닙니다.

わたしはだいがくせいではありません。

02. 나는 유학생이 아닙니다.

わたしはりゅうがくせいではありません。

03. 요시모토 씨는 소방관이 아닙니다.

よしもとさんはしょうぼうしではありません。

04. 요시모토 씨는 경찰관이 아닙니다.

よしもとさんはけいかんではありません。

05. 김 씨는 부자가 아닙니다.

キムさんはおかねもちではありません。

06. 김 씨는 대학생이 아닙니다.

キムさんはだいがくせいではありません。

07. 그는 유학생이 아닙니다.

かれはりゅうがくせいではありません。

08. 그는 소방관이 아닙니다.

かれはしょうぼうしではありません。

09. 그녀는 경찰관이 아닙니다.

かのじょはけいかんではありません。

10. 그녀는 부자가 아닙니다.

かのじょはおかねもちではありません。

11. 이것은 꽃병이 아닙니다.

これはかびんではありません。

12. 이것은 과일이 아닙니다.

これはくだものではありません。

13. 이것은 잡지가 아닙니다.

これはざっしではありません。

14. 그것은 물이 아닙니다.

それはみずではありません。

15. 그것은 꽃병이 아닙니다.

それはかびんではありません。

16. 그것은 꽃이 아닙니다.

それははなではありません。

17. 저것은 과일이 아닙니다.

あれはくだものではありません。

18. 저것은 잡지가 아닙니다.

あれはざっしではありません。

19. 저것은 물이 아닙니다.

あれはみずではありません。

20. 저것은 꽃병이 아닙니다.

あれはかびんではありません。

5강 이것은 나의 가방입니다

문장구조

$$명사 + の + 명사$$
~의

단어공부

かばん [카방·]	가방	**けいたい** [케-타이]	휴대전화
つくえ [츠쿠에]	책상	**ほん** [홍·]	책
えんぴつ [엠·피츠]	연필	**けしゴム** [케시고무]	지우개
ペン [펭·]	펜	**カップ** [캅·푸]	컵
とけい [토케-]	시계	**かさ** [카사]	우산

문장을 만들어 봅시다.

わたし + **の** +

かばん : 나의 가방

けいたい : 나의 휴대전화

かれ + **の** +

つくえ : 그의 책상

ほん : 그의 책

かのじょ + **の** +

えんぴつ : 그녀의 연필

けしゴム : 그녀의 지우개

たなかさん + **の** +

ペン : 다나카 씨의 펜

カップ : 다나카 씨의 컵

キムさん + **の** +

とけい : 김 씨의 시계

かさ : 김 씨의 우산

*「~さん」은 '~씨'라는 뜻으로 보통 성 뒤에 붙여서 상대방을 정중하게 부를 때 사용합니다. 우리나라에서는 '홍길동 씨'와 같이 성+이름에 '~씨'를 붙여서 부르지만 일본에서는 '다나카 씨(たなかさん)'처럼 성에 '~씨(さん)'를 붙여서 부르는 게 일반적입니다.

문장듣고따라하기

これはわたしのかばんです。
이것은 나의 가방입니다.

これはわたしのけいたいです。
이것은 나의 휴대전화입니다.

これはわたしのつくえです。
이것은 나의 책상입니다.

これはわたしのほんです。
이것은 나의 책입니다.

それはたなかさんのえんぴつです。
그것은 다나카 씨의 연필입니다.

それはたなかさんのけしゴムです。

그것은 다나카 씨의 지우개입니다.

それはたなかさんのペンです。

그것은 다나카 씨의 펜입니다.

それはたなかさんのカップです。

그것은 다나카 씨의 컵입니다.

それはキムさんのとけいです。

그것은 김 씨의 시계입니다.

それはキムさんのかさです。

그것은 김 씨의 우산입니다.

문장듣고따라하기

あれはキムさんのかばんです。

저것은 김 씨의 가방입니다.

あれはキムさんのけいたいです。

저것은 김 씨의 휴대전화입니다.

これはかれのつくえです。

이것은 그의 책상입니다.

これはかれのほんです。

이것은 그의 책입니다.

これはかれのえんぴつです。

이것은 그의 연필입니다.

文장을 듣고 따라 해 봅시다.

これはかれのけしゴムです。
이것은 그의 지우개입니다.

それはかのじょのペンです。
그것은 그녀의 펜입니다.

それはかのじょのカップです。
그것은 그녀의 컵입니다.

それはかのじょのとけいです。
그것은 그녀의 시계입니다.

それはかのじょのかさです。
그것은 그녀의 우산입니다.

배운문장연습하기

01. 이것은 나의 가방입니다.

02. 이것은 나의 휴대전화입니다.

03. 이것은 나의 책상입니다.

04. 이것은 나의 책입니다.

05. 그것은 다나카 씨의 연필입니다.

06. 그것은 다나카 씨의 지우개입니다.

07. 그것은 다나카 씨의 펜입니다.

08. 그것은 다나카 씨의 컵입니다.

09. 그것은 김 씨의 시계입니다.

10. 그것은 김 씨의 우산입니다.

11. 저것은 김 씨의 가방입니다.

12. 저것은 김 씨의 휴대전화입니다.

13. 이것은 그의 책상입니다.

14. 이것은 그의 책입니다.

15. 이것은 그의 연필입니다.

16. 이것은 그의 지우개입니다.

17. 그것은 그녀의 펜입니다.

18. 그것은 그녀의 컵입니다.

19. 그것은 그녀의 시계입니다.

20. 그것은 그녀의 우산입니다.

연습문제정답

01. 이것은 나의 가방입니다.

これはわたしのかばんです。

02. 이것은 나의 휴대전화입니다.

これはわたしのけいたいです。

03. 이것은 나의 책상입니다.

これはわたしのつくえです。

04. 이것은 나의 책입니다.

これはわたしのほんです。

05. 그것은 다나카 씨의 연필입니다.

それはたなかさんのえんぴつです。

06. 그것은 다나카 씨의 지우개입니다.

それはたなかさんのけしゴムです。

07. 그것은 다나카 씨의 펜입니다.

それはたなかさんのペンです。

08. 그것은 다나카 씨의 컵입니다.

それはたなかさんのカップです。

09. 그것은 김 씨의 시계입니다.

それはキムさんのとけいです。

10. 그것은 김 씨의 우산입니다.

それはキムさんのかさです。

11. 저것은 김 씨의 가방입니다.

あれはキムさんのかばんです。

12. 저것은 김 씨의 휴대전화입니다.

あれはキムさんのけいたいです。

13. 이것은 그의 책상입니다.

これはかれのつくえです。

14. 이것은 그의 책입니다.

これはかれのほんです。

15. 이것은 그의 연필입니다.

これはかれのえんぴつです。

16. 이것은 그의 지우개입니다.

これはかれのけしゴムです。

17. 그것은 그녀의 펜입니다.

それはかのじょのペンです。

18. 그것은 그녀의 컵입니다.

それはかのじょのカップです。

19. 그것은 그녀의 시계입니다.

それはかのじょのとけいです。

20. 그것은 그녀의 우산입니다.

それはかのじょのかさです。

6강 오늘은 금요일입니다

문장구조

きょう + は + ⬜ + です
오늘　　　은/는　　　　　　　~입니다

단어공부

げつようび [게츠요-비]	월요일	**かようび** [카요-비]	화요일
すいようび [스이요-비]	수요일	**もくようび** [모쿠요-비]	목요일
きんようび [킹 · 요-비]	금요일	**どようび** [도요-비]	토요일
にちようび [니치요-비]	일요일	**やすみ** [야스미]	휴일
たんじょうび [탄 · 죠-비]	생일	**クリスマス** [쿠리스마스]	크리스마스

문장을 만들어 봅시다.

きょう + は + げつようび + です
오늘   은/는   월요일   ~입니다

かようび
화요일

あした
내일

すいようび
수요일

もくようび
목요일

あさって
모레

きんようび
금요일

どようび
토요일

にちようび
일요일

やすみ
휴일

たんじょうび
생일

クリスマス
크리스마스

* きょう는 '오늘', あした는 '내일', あさって는 '모레'라는 뜻입니다. 앞으로도 계속 나오니 외워 두세요.

문장듣고따라하기

きょうはげつようびです。
오늘은 월요일입니다.

きょうはかようびです。
오늘은 화요일입니다.

きょうはすいようびです。
오늘은 수요일입니다.

きょうはもくようびです。
오늘은 목요일입니다.

きょうはきんようびです。
오늘은 금요일입니다.

きょうはどようびです。

오늘은 토요일입니다.

きょうはにちようびです。

오늘은 일요일입니다.

あしたはやすみです。

내일은 휴일입니다.

あしたはわたしのたんじょうびです。

내일은 나의 생일입니다.

あしたはクリスマスです。

내일은 크리스마스입니다.

문장듣고따라하기

あしたはげつようびです。
내일은 월요일입니다.

あしたはかようびです。
내일은 화요일입니다.

あしたはすいようびです。
내일은 수요일입니다.

あしたはもくようびです。
내일은 목요일입니다.

あさってはきんようびです。
모레는 금요일입니다.

あさってはどようびです。

모레는 토요일입니다.

あさってはにちようびです。

모레는 일요일입니다.

あさってはやすみです。

모레는 휴일입니다.

あさってはかれのたんじょうびです。

모레는 그의 생일입니다.

あさってはクリスマスです。

모레는 크리스마스입니다.

배운문장연습하기

01. 오늘은 월요일입니다.

02. 오늘은 화요일입니다.

03. 오늘은 수요일입니다.

04. 오늘은 목요일입니다.

05. 오늘은 금요일입니다.

06. 오늘은 토요일입니다.

07. 오늘은 일요일입니다.

08. 내일은 휴일입니다.

09. 내일은 나의 생일입니다.

10. 내일은 크리스마스입니다.

11. 내일은 월요일입니다.

12. 내일은 화요일입니다.

13. 내일은 수요일입니다.

14. 내일은 목요일입니다.

15. 모레는 금요일입니다.

16. 모레는 토요일입니다.

17. 모레는 일요일입니다.

18. 모레는 휴일입니다.

19. 모레는 그의 생일입니다.

20. 모레는 크리스마스입니다.

연습문제정답

01. 오늘은 월요일입니다.

きょうはげつようびです。

02. 오늘은 화요일입니다.

きょうはかようびです。

03. 오늘은 수요일입니다.

きょうはすいようびです。

04. 오늘은 목요일입니다.

きょうはもくようびです。

05. 오늘은 금요일입니다.

きょうはきんようびです。

06. 오늘은 토요일입니다.

きょうはどようびです。

07. 오늘은 일요일입니다.

きょうはにちようびです。

08. 내일은 휴일입니다.

あしたはやすみです。

09. 내일은 나의 생일입니다.

あしたはわたしのたんじょうびです。

10. 내일은 크리스마스입니다.

あしたはクリスマスです。

11. 내일은 월요일입니다.

あしたはげつようびです。

12. 내일은 화요일입니다.

あしたはかようびです。

13. 내일은 수요일입니다.

あしたはすいようびです。

14. 내일은 목요일입니다.

あしたはもくようびです。

15. 모레는 금요일입니다.

あさってはきんようびです。

16. 모레는 토요일입니다.

あさってはどようびです。

17. 모레는 일요일입니다.

あさってはにちようびです。

18. 모레는 휴일입니다.

あさってはやすみです。

19. 모레는 그의 생일입니다.

あさってはかれのたんじょうびです。

20. 모레는 크리스마스입니다.

あさってはクリスマスです。

7강 이것은 무엇입니까?

문장구조

주어 + は + [   ] + ですか
　　　은/는　　　　　　　　~입니까?

단어공부

なん [난ㆍ]	무엇	**ケーキ** [케-키]	케이크
コーヒー [코-히-]	커피	**アイスクリーム** [아이스쿠리-무]	아이스크림
すし [스시]	초밥	**ごはん** [고항ㆍ]	밥
ひこうき [히코-키]	비행기	**でんしゃ** [덴ㆍ샤]	전철
くるま [쿠루마]	자동차	**バス** [바스]	버스

문장을 만들어 봅시다.

これ + **は** + **なん** + **ですか**
이것　　은/는　　무엇　　~입니까?

それ
그것

ケーキ
케이크

コーヒー
커피

あれ
저것

アイスクリーム
아이스크림

すし
초밥

ごはん
밥

ひこうき
비행기

でんしゃ
전철

くるま
자동차

バス
버스

문장듣고따라하기

これはなんですか。

이것은 무엇입니까?

これはケーキですか。

이것은 케이크입니까?

これはコーヒーですか。

이것은 커피입니까?

それはアイスクリームですか。

그것은 아이스크림입니까?

それはすしですか。

그것은 초밥입니까?

それはごはんですか。
그것은 밥입니까?

あれはひこうきですか。
저것은 비행기입니까?

あれはでんしゃですか。
저것은 전철입니까?

あれはくるまですか。
저것은 자동차입니까?

あれはバスですか。
저것은 버스입니까?

きょうはげつようびですか。
오늘은 월요일입니까?

きょうはかようびですか。
오늘은 화요일입니까?

きょうはすいようびですか。
오늘은 수요일입니까?

あしたはもくようびですか。
내일은 목요일입니까?

あしたはきんようびですか。
내일은 금요일입니까?

あしたはどようびですか。

내일은 토요일입니까?

あさってはにちようびですか。

모레는 일요일입니까?

あさってはやすみですか。

모레는 휴일입니까?

あさってはクリスマスですか。

모레는 크리스마스입니까?

あさってはかのじょのたんじょうびですか。

모레는 그녀의 생일입니까?

배운문장연습하기

01. 이것은 무엇입니까?

02. 이것은 케이크입니까?

03. 이것은 커피입니까?

04. 그것은 아이스크림입니까?

05. 그것은 초밥입니까?

06. 그것은 밥입니까?

07. 저것은 비행기입니까?

08. 저것은 전철입니까?

09. 저것은 자동차입니까?

10. 저것은 버스입니까?

11. 오늘은 월요일입니까?

12. 오늘은 화요일입니까?

13. 오늘은 수요일입니까?

14. 내일은 목요일입니까?

15. 내일은 금요일입니까?

16. 내일은 토요일입니까?

17. 모레는 일요일입니까?

18. 모레는 휴일입니까?

19. 모레는 크리스마스입니까?

20. 모레는 그녀의 생일입니까?

연습문제정답

01. 이것은 무엇입니까?

これはなんですか。

02. 이것은 케이크입니까?

これはケーキですか。

03. 이것은 커피입니까?

これはコーヒーですか。

04. 그것은 아이스크림입니까?

それはアイスクリームですか。

05. 그것은 초밥입니까?

それはすしですか。

06. 그것은 밥입니까?

それはごはんですか。

07. 저것은 비행기입니까?

あれはひこうきですか。

08. 저것은 전철입니까?

あれはでんしゃですか。

09. 저것은 자동차입니까?

あれはくるまですか。

10. 저것은 버스입니까?

あれはバスですか。

11. 오늘은 월요일입니까?

    きょうはげつようびですか。

12. 오늘은 화요일입니까?

    きょうはかようびですか。

13. 오늘은 수요일입니까?

    きょうはすいようびですか。

14. 내일은 목요일입니까?

    あしたはもくようびですか。

15. 내일은 금요일입니까?

    あしたはきんようびですか。

16. 내일은 토요일입니까?

    あしたはどようびですか。

17. 모레는 일요일입니까?

    あさってはにちようびですか。

18. 모레는 휴일입니까?

    あさってはやすみですか。

19. 모레는 크리스마스입니까?

    あさってはクリスマスですか。

20. 모레는 그녀의 생일입니까?

    あさってはかのじょのたんじょうびですか。

8강 옛날에 이곳은 영화관이었습니다

문장구조

주어 + は + ⬜ + でした

은/는 　　　　　　　　　～이었습니다

단어공부

えいがかん [에-가캉 ·]	영화관	**えき** [에키]	역
ぎんこう [깅 · 코-]	은행	**こうえん** [코-엥 ·]	공원
トイレ [토이레]	화장실	**びょういん** [뵤-잉 ·]	병원
ゆうびんきょく [유-빙 · 쿄쿠]	우체국	**としょかん** [토쇼캉 ·]	도서관
がっこう [각 · 코-]	학교	**いえ** [이에]	집

문장을 만들어 봅시다.

ここ + **は** + **えいがかん** + **でした**
이곳　　은/는　　영화관　　~이었습니다

えき
역

そこ
그곳

ぎんこう
은행

こうえん
공원

あそこ
저곳

トイレ
화장실

びょういん
병원

ゆうびんきょく
우체국

としょかん
도서관

がっこう
학교

いえ
집

* ここ는 '이곳', そこ는 '그곳', あそこ는 '저곳'이라는 뜻입니다. 앞으로도 계속 나오니 외워 두세요.

문장듣고따라하기

むかしここはえいがかんでした。

옛날에 이곳은 영화관이었습니다.

* むかし : 옛날

むかしここはえきでした。

옛날에 이곳은 역이었습니다.

むかしここはぎんこうでした。

옛날에 이곳은 은행이었습니다.

むかしそこはこうえんでした。

옛날에 그곳은 공원이었습니다.

むかしそこはトイレでした。

옛날에 그곳은 화장실이었습니다.

むかしそこはびょういんでした。
옛날에 그곳은 병원이었습니다.

むかしあそこはゆうびんきょくでした。
옛날에 저곳은 우체국이었습니다.

むかしあそこはとしょかんでした。
옛날에 저곳은 도서관이었습니다.

むかしあそこはがっこうでした。
옛날에 저곳은 학교였습니다.

むかしあそこはともだちのいえでした。
옛날에 저곳은 친구의 집이었습니다.

문장듣고따라하기

きのうはげつようびでした。

어제는 월요일이었습니다.

* きのう: 어제

きのうはかようびでした。

어제는 화요일이었습니다.

きのうはすいようびでした。

어제는 수요일이었습니다.

きのうはもくようびでした。

어제는 목요일이었습니다.

きのうはきんようびでした。

어제는 금요일이었습니다.

きのうはどようびでした。

어제는 토요일이었습니다.

きのうはにちようびでした。

어제는 일요일이었습니다.

きのうはやすみでした。

어제는 휴일이었습니다.

きのうはクリスマスでした。

어제는 크리스마스였습니다.

きのうはわたしのたんじょうびでした。

어제는 나의 생일이었습니다.

배운문장연습하기

01. 옛날에 이곳은 영화관이었습니다.

02. 옛날에 이곳은 역이었습니다.

03. 옛날에 이곳은 은행이었습니다.

04. 옛날에 그곳은 공원이었습니다.

05. 옛날에 그곳은 화장실이었습니다.

06. 옛날에 그곳은 병원이었습니다.

07. 옛날에 저곳은 우체국이었습니다.

08. 옛날에 저곳은 도서관이었습니다.

09. 옛날에 저곳은 학교였습니다.

10. 옛날에 저곳은 친구의 집이었습니다.

11. 어제는 월요일이었습니다.

12. 어제는 화요일이었습니다.

13. 어제는 수요일이었습니다.

14. 어제는 목요일이었습니다.

15. 어제는 금요일이었습니다.

16. 어제는 토요일이었습니다.

17. 어제는 일요일이었습니다.

18. 어제는 휴일이었습니다.

19. 어제는 크리스마스였습니다.

20. 어제는 나의 생일이었습니다.

연습문제정답

01. 옛날에 이곳은 영화관이었습니다.
むかしここはえいがかんでした。

02. 옛날에 이곳은 역이었습니다.
むかしここはえきでした。

03. 옛날에 이곳은 은행이었습니다.
むかしここはぎんこうでした。

04. 옛날에 그곳은 공원이었습니다.
むかしそこはこうえんでした。

05. 옛날에 그곳은 화장실이었습니다.
むかしそこはトイレでした。

06. 옛날에 그곳은 병원이었습니다.
むかしそこはびょういんでした。

07. 옛날에 저곳은 우체국이었습니다.
むかしあそこはゆうびんきょくでした。

08. 옛날에 저곳은 도서관이었습니다.
むかしあそこはとしょかんでした。

09. 옛날에 저곳은 학교였습니다.
むかしあそこはがっこうでした。

10. 옛날에 저곳은 친구의 집이었습니다.
むかしあそこはともだちのいえでした。

11. 어제는 월요일이었습니다.

きのうはげつようびでした。

12. 어제는 화요일이었습니다.

きのうはかようびでした。

13. 어제는 수요일이었습니다.

きのうはすいようびでした。

14. 어제는 목요일이었습니다.

きのうはもくようびでした。

15. 어제는 금요일이었습니다.

きのうはきんようびでした。

16. 어제는 토요일이었습니다.

きのうはどようびでした。

17. 어제는 일요일이었습니다.

きのうはにちようびでした。

18. 어제는 휴일이었습니다.

きのうはやすみでした。

19. 어제는 크리스마스였습니다.

きのうはクリスマスでした。

20. 어제는 나의 생일이었습니다.

きのうはわたしのたんじょうびでした。

9강 이곳은 동물원이 아니었습니다

문장구조

주어 + は + ⬚⬚⬚⬚ + じゃなかったです

은/는　　　　　　　　　　　　　~이/가 아니었습니다

* 「じゃ<u>なかった</u>です」는 3강에서 배운 「じゃ<u>ない</u>です」의 과거형입니다.

단어공부

じんじゃ [진·쟈]	신사	**ビル** [비루]	빌딩
でぐち [데구치]	출구	**どうぶつえん** [도-부츠엥·]	동물원
びょういん [비요-잉·]	미용실	**びじゅつかん** [비쥬츠캉·]	미술관
いけ [이케]	연못	**レストラン** [레스토랑·]	레스토랑
プール [푸-루]	수영장	**にわ** [니와]	정원

* 미용실(びょういん)은 병원(びょういん)과 헷갈리지 않도록 주의하세요.

문장을 만들어 봅시다.

ここ + **は** + **じんじゃ** + **じゃなかったです**
이곳   은/는   신사   ~이/가 아니었습니다

そこ
그곳

あそこ
저곳

ビル
빌딩

でぐち
출구

どうぶつえん
동물원

びよういん
미용실

びじゅつかん
미술관

いけ
연못

レストラン
레스토랑

プール
수영장

にわ
정원

문장듣고따라하기

ここはじんじゃじゃなかったです。

이곳은 신사가 아니었습니다.

ここはビルじゃなかったです。

이곳은 빌딩이 아니었습니다.

ここはでぐちじゃなかったです。

이곳은 출구가 아니었습니다.

そこはどうぶつえんじゃなかったです。

그곳은 동물원이 아니었습니다.

そこはびよういんじゃなかったです。

그곳은 미용실이 아니었습니다.

そこはびじゅつかんじゃなかったです。

그곳은 미술관이 아니었습니다.

あそこはいけじゃなかったです。

저곳은 연못이 아니었습니다.

あそこはレストランじゃなかったです。

저곳은 레스토랑이 아니었습니다.

あそこはプールじゃなかったです。

저곳은 수영장이 아니었습니다.

あそこはにわじゃなかったです。

저곳은 정원이 아니었습니다.

문장듣고따라하기

これはかのじょのかばんじゃなかったです。
이것은 그녀의 가방이 아니었습니다.

これはかのじょのえんぴつじゃなかったです。
이것은 그녀의 연필이 아니었습니다.

これはかのじょのかさじゃなかったです。
이것은 그녀의 우산이 아니었습니다.

それはかれのカメラじゃなかったです。
그것은 그의 카메라가 아니었습니다.

それはかれのほんじゃなかったです。
그것은 그의 책이 아니었습니다.

それはかれのけいたいじゃなかったです。
그것은 그의 휴대전화가 아니었습니다.

あれはわたしのペンじゃなかったです。
저것은 나의 펜이 아니었습니다.

あれはわたしのカップじゃなかったです。
저것은 나의 컵이 아니었습니다.

あれはわたしのとけいじゃなかったです。
저것은 나의 시계가 아니었습니다.

あれはパクさんのかばんじゃなかったです。
저것은 박 씨의 가방이 아니었습니다.

배운문장연습하기

01. 이곳은 신사가 아니었습니다.

02. 이곳은 빌딩이 아니었습니다.

03. 이곳은 출구가 아니었습니다.

04. 그곳은 동물원이 아니었습니다.

05. 그곳은 미용실이 아니었습니다.

06. 그곳은 미술관이 아니었습니다.

07. 저곳은 연못이 아니었습니다.

08. 저곳은 레스토랑이 아니었습니다.

09. 저곳은 수영장이 아니었습니다.

10. 저곳은 정원이 아니었습니다.

11. 이것은 그녀의 가방이 아니었습니다.

12. 이것은 그녀의 연필이 아니었습니다.

13. 이것은 그녀의 우산이 아니었습니다.

14. 그것은 그의 카메라가 아니었습니다.

15. 그것은 그의 책이 아니었습니다.

16. 그것은 그의 휴대전화가 아니었습니다.

17. 저것은 나의 펜이 아니었습니다.

18. 저것은 나의 컵이 아니었습니다.

19. 저것은 나의 시계가 아니었습니다.

20. 저것은 박 씨의 가방이 아니었습니다.

연습문제정답

01. 이곳은 신사가 아니었습니다.

ここはじんじゃじゃなかったです。

02. 이곳은 빌딩이 아니었습니다.

ここはビルじゃなかったです。

03. 이곳은 출구가 아니었습니다.

ここはでぐちじゃなかったです。

04. 그곳은 동물원이 아니었습니다.

そこはどうぶつえんじゃなかったです。

05. 그곳은 미용실이 아니었습니다.

そこはびよういんじゃなかったです。

06. 그곳은 미술관이 아니었습니다.

そこはびじゅつかんじゃなかったです。

07. 저곳은 연못이 아니었습니다.

あそこはいけじゃなかったです。

08. 저곳은 레스토랑이 아니었습니다.

あそこはレストランじゃなかったです。

09. 저곳은 수영장이 아니었습니다.

あそこはプールじゃなかったです。

10. 저곳은 정원이 아니었습니다.

あそこはにわじゃなかったです。

11. 이것은 그녀의 가방이 아니었습니다.

これはかのじょのかばんじゃなかったです。

12. 이것은 그녀의 연필이 아니었습니다.

これはかのじょのえんぴつじゃなかったです。

13. 이것은 그녀의 우산이 아니었습니다.

これはかのじょのかさじゃなかったです。

14. 그것은 그의 카메라가 아니었습니다.

それはかれのカメラじゃなかったです。

15. 그것은 그의 책이 아니었습니다.

それはかれのほんじゃなかったです。

16. 그것은 그의 휴대전화가 아니었습니다.

それはかれのけいたいじゃなかったです。

17. 저것은 나의 펜이 아니었습니다.

あれはわたしのペンじゃなかったです。

18. 저것은 나의 컵이 아니었습니다.

あれはわたしのカップじゃなかったです。

19. 저것은 나의 시계가 아니었습니다.

あれはわたしのとけいじゃなかったです。

20. 저것은 박 씨의 가방이 아니었습니다.

あれはパクさんのかばんじゃなかったです。

10강 그 테스트는 지난주가 아니었습니다

문장구조

주어 + は + ⬜⬜⬜ + ではありませんでした

은/는　　　　　　　　　　　　　~이/가 아니었습니다

* 「ではありませんでした」는 4강에서 배운 「ではありません」의 과거형입니다.

단어공부

せんしゅう [센 · 슈-]	지난주	**こんしゅう** [콘 · 슈-]	이번 주
らいしゅう [라이슈-]	다음 주	**せんげつ** [셍 · 게츠]	지난달
こんげつ [콩 · 게츠]	이번 달	**らいげつ** [라이게츠]	다음 달
テスト [테스토]	테스트	**パーティー** [파-티-]	파티
やくそく [야쿠소쿠]	약속	**しあい** [시아이]	시합

문장을 만들어 봅시다.

テスト + **は** + **せんしゅう** + **ではありませんでした**
테스트　　은/는　　지난주　　~이/가 아니었습니다

こんしゅう
이번 주

パーティー
파티

らいしゅう
다음 주

やくそく
약속

せんげつ
지난달

こんげつ
이번 달

しあい
시합

らいげつ
다음 달

きのう
어제

きょう
오늘

あした
내일

そのテストはせんしゅうではありませんでした。

그 테스트는 지난주가 아니었습니다.

そのパーティーはこんしゅうではありませんでした。

그 파티는 이번 주가 아니었습니다.

そのやくそくはらいしゅうではありませんでした。

그 약속은 다음 주가 아니었습니다.

そのしあいはせんげつではありませんでした。

그 시합은 지난달이 아니었습니다.

そのテストはこんげつではありませんでした。

그 테스트는 이번 달이 아니었습니다.

そのパーティーはらいげつではありませんでした。
그 파티는 다음 달이 아니었습니다.

そのやくそくはあしたではありませんでした。
그 약속은 내일이 아니었습니다.

そのしあいはきょうではありませんでした。
그 시합은 오늘이 아니었습니다.

そのテストはあしたではありませんでした。
그 테스트는 내일이 아니었습니다.

そのパーティーはせんしゅうではありませんでした。
그 파티는 지난주가 아니었습니다.

문장듣고따라하기

きのうはげつようびではありませんでした。
어제는 월요일이 아니었습니다.

きのうはかようびではありませんでした。
어제는 화요일이 아니었습니다.

きのうはすいようびではありませんでした。
어제는 수요일이 아니었습니다.

きのうはもくようびではありませんでした。
어제는 목요일이 아니었습니다.

きのうはきんようびではありませんでした。
어제는 금요일이 아니었습니다.

きのうはどようびではありませんでした。

어제는 토요일이 아니었습니다.

きのうはにちようびではありませんでした。

어제는 일요일이 아니었습니다.

きのうはやすみではありませんでした。

어제는 휴일이 아니었습니다.

きのうはクリスマスではありませんでした。

어제는 크리스마스가 아니었습니다.

きのうはわたしのたんじょうびではありませんでした。

어제는 나의 생일이 아니었습니다.

배운문장연습하기

01. 그 테스트는 지난주가 아니었습니다.

02. 그 파티는 이번 주가 아니었습니다.

03. 그 약속은 다음 주가 아니었습니다.

04. 그 시합은 지난달이 아니었습니다.

05. 그 테스트는 이번 달이 아니었습니다.

06. 그 파티는 다음 달이 아니었습니다.

07. 그 약속은 내일이 아니었습니다.

08. 그 시합은 오늘이 아니었습니다.

09. 그 테스트는 내일이 아니었습니다.

10. 그 파티는 지난주가 아니었습니다.

11. 어제는 월요일이 아니었습니다.

12. 어제는 화요일이 아니었습니다.

13. 어제는 수요일이 아니었습니다.

14. 어제는 목요일이 아니었습니다.

15. 어제는 금요일이 아니었습니다.

16. 어제는 토요일이 아니었습니다.

17. 어제는 일요일이 아니었습니다.

18. 어제는 휴일이 아니었습니다.

19. 어제는 크리스마스가 아니었습니다.

20. 어제는 나의 생일이 아니었습니다.

연습문제정답

01. 그 테스트는 지난주가 아니었습니다.

そのテストはせんしゅうではありませんでした。

02. 그 파티는 이번 주가 아니었습니다.

そのパーティーはこんしゅうではありませんでした。

03. 그 약속은 다음 주가 아니었습니다.

そのやくそくはらいしゅうではありませんでした。

04. 그 시합은 지난달이 아니었습니다.

そのしあいはせんげつではありませんでした。

05. 그 테스트는 이번 달이 아니었습니다.

そのテストはこんげつではありませんでした。

06. 그 파티는 다음 달이 아니었습니다.

そのパーティーはらいげつではありませんでした。

07. 그 약속은 내일이 아니었습니다.

そのやくそくはあしたではありませんでした。

08. 그 시합은 오늘이 아니었습니다.

そのしあいはきょうではありませんでした。

09. 그 테스트는 내일이 아니었습니다.

そのテストはあしたではありませんでした。

10. 그 파티는 지난주가 아니었습니다.

そのパーティーはせんしゅうではありませんでした。

11. 어제는 월요일이 아니었습니다.

きのうはげつようびではありませんでした。

12. 어제는 화요일이 아니었습니다.

きのうはかようびではありませんでした。

13. 어제는 수요일이 아니었습니다.

きのうはすいようびではありませんでした。

14. 어제는 목요일이 아니었습니다.

きのうはもくようびではありませんでした。

15. 어제는 금요일이 아니었습니다.

きのうはきんようびではありませんでした。

16. 어제는 토요일이 아니었습니다.

きのうはどようびではありませんでした。

17. 어제는 일요일이 아니었습니다.

きのうはにちようびではありませんでした。

18. 어제는 휴일이 아니었습니다.

きのうはやすみではありませんでした。

19. 어제는 크리스마스가 아니었습니다.

きのうはクリスマスではありませんでした。

20. 어제는 나의 생일이 아니었습니다.

きのうはわたしのたんじょうびではありませんでした。

일빵빵 왕초보 일본어 1
명사 & な형용사 편

■ な형용사 문장 익히기
11강 ~ 17강

11강   내가 좋아하는 커피입니다

문장구조

$$\boxed{}\, だ \rightarrow\, な + 명사$$

* 어미가 「だ」로 끝나는 형용사를 'な형용사'라고 합니다. な형용사가 명사를 수식
할 때는 어미 「だ」를 「な」로 바꿔 줍니다.

단어공부

すきだ [스키대]	좋아하다	**きらいだ** [키라이다]	싫어하다
まじめだ [마지메다]	성실하다	**きけんだ** [키켄·다]	위험하다
きれいだ [키레-다]	예쁘다 깨끗하다	**たいせつだ** [타이세츠다]	중요하다 소중하다
かんたんだ [칸·탄·대]	간단하다	**あんぜんだ** [안·젠·다]	안전하다
しずかだ [시즈카다]	조용하다	**ゆうめいだ** [유-메-다]	유명하다

문장을 만들어 봅시다.

すきだ →な	**+ コーヒー**	: 좋아하는 커피
きらいだ →な	**+ かしゅ**	: 싫어하는 가수
まじめだ →な	**+ がくせい**	: 성실한 학생
きけんだ →な	**+ おもちゃ**	: 위험한 장난감
きれいだ →な	**+ はな**	: 예쁜 꽃
たいせつだ →な	**+ とけい**	: 소중한 시계
かんたんだ →な	**+ テスト**	: 간단한 테스트
あんぜんだ →な	**+ ビル**	: 안전한 빌딩
しずかだ →な	**+ こうえん**	: 조용한 공원
ゆうめいだ →な	**+ レストラン**	: 유명한 레스토랑

문장듣고따라하기

きれい**な**はなです。

예쁜 꽃입니다.

まじめ**な**がくせいです。

성실한 학생입니다.

きけん**な**おもちゃです。

위험한 장난감입니다

たいせつ**な**とけいです。

소중한 시계입니다.

かんたん**な**テストです。

간단한 테스트입니다.

あんぜんなビルです。

안전한 빌딩입니다.

しずかなこうえんです。

조용한 공원입니다.

ゆうめいなレストランです。

유명한 레스토랑입니다.

わたしのすきなコーヒーです。

내가 좋아하는 커피입니다.

* 5강에서 배운 조사 「の」는 '이/가'의 뜻으로 쓰이기도 합니다. 문장이 뒤에 오는 명사를 수식할때, 수식하는 문장의
주어 뒤에 조사 「が」가 아닌 「の」를 씁니다.

わたしのきらいなかしゅです。

내가 싫어하는 가수입니다.

문장듣고따라하기

きれいなはなじゃないです。
예쁜 꽃이 아닙니다.

まじめながくせいじゃないです。
성실한 학생이 아닙니다.

きけんなおもちゃじゃないです。
위험한 장난감이 아닙니다.

たいせつなとけいじゃないです。
소중한 시계가 아닙니다.

かんたんなテストじゃないです。
간단한 테스트가 아닙니다.

あんぜんなビルじゃないです。
안전한 빌딩이 아닙니다.

しずかなこうえんじゃないです。
조용한 공원이 아닙니다.

ゆうめいなレストランじゃないです。
유명한 레스토랑이 아닙니다.

わたしのすきなコーヒーじゃないです。
내가 좋아하는 커피가 아닙니다.

わたしのきらいなかしゅじゃないです。
내가 싫어하는 가수가 아닙니다.

배운문장연습하기

01. 예쁜 꽃입니다.

02. 성실한 학생입니다.

03. 위험한 장난감입니다.

04. 소중한 시계입니다.

05. 간단한 테스트입니다.

06. 안전한 빌딩입니다.

07. 조용한 공원입니다.

08. 유명한 레스토랑입니다.

09. 내가 좋아하는 커피입니다.

10. 내가 싫어하는 가수입니다.

11. 예쁜 꽃이 아닙니다.

12. 성실한 학생이 아닙니다.

13. 위험한 장난감이 아닙니다.

14. 소중한 시계가 아닙니다.

15. 간단한 테스트가 아닙니다.

16. 안전한 빌딩이 아닙니다.

17. 조용한 공원이 아닙니다.

18. 유명한 레스토랑이 아닙니다.

19. 내가 좋아하는 커피가 아닙니다.

20. 내가 싫어하는 가수가 아닙니다.

연습문제정답

01. 예쁜 꽃입니다.

きれいなはなです。

02. 성실한 학생입니다.

まじめながくせいです。

03. 위험한 장난감입니다.

きけんなおもちゃです。

04. 소중한 시계입니다.

たいせつなとけいです。

05. 간단한 테스트입니다.

かんたんなテストです。

06. 안전한 빌딩입니다.

あんぜんなビルです。

07. 조용한 공원입니다.

しずかなこうえんです。

08. 유명한 레스토랑입니다.

ゆうめいなレストランです。

09. 내가 좋아하는 커피입니다.

わたしのすきなコーヒーです。

10. 내가 싫어하는 가수입니다.

わたしのきらいなかしゅです。

11. 예쁜 꽃이 아닙니다.

    きれいなはなじゃないです。

12. 성실한 학생이 아닙니다.

    まじめながくせいじゃないです。

13. 위험한 장난감이 아닙니다.

    きけんなおもちゃじゃないです。

14. 소중한 시계가 아닙니다.

    たいせつなとけいじゃないです

15. 간단한 테스트가 아닙니다.

    かんたんなテストじゃないです。

16. 안전한 빌딩이 아닙니다.

    あんぜんなビルじゃないです。

17. 조용한 공원이 아닙니다.

    しずかなこうえんじゃないです。

18. 유명한 레스토랑이 아닙니다.

    ゆうめいなレストランじゃないです。

19. 내가 좋아하는 커피가 아닙니다.

    わたしのすきなコーヒーじゃないです。

20. 내가 싫어하는 가수가 아닙니다.

    わたしのきらいなかしゅじゃないです。

12강

그녀는 친절합니다

문장구조

주어 + **は** + 　　　 **だ** + **です**

은/는　　　　　　　　　　　~입니다

* な형용사를 이용해서 '~입니다'와 같은 문장을 만들 때는 어미 「だ」를 삭제하고 「です」를 붙입니다.

단어공부

しんせつだ [신 · 세츠다]	친절하다	**べんりだ** [벤 · 리다]	편리하다
ふべんだ [후벤 · 다]	불편하다	**ちかてつ** [치카테츠]	지하철
てがみ [테가미]	편지	**へや** [헤야]	방
もんだい [몬 · 다이]	문제	**まち** [마치]	거리
かいだん [카이당 ·]	계단	**きょうしつ** [쿄-시츠]	교실

156

주어 + **は** +
은/는

しんせつだ
친절하다

+ **です**
~입니다

べんりだ
편리하다

ふべんだ
불편하다

まじめだ
성실하다

きけんだ
위험하다

きれいだ
예쁘다, 깨끗하다

たいせつだ
중요하다, 소중하다

かんたんだ
간단하다

あんぜんだ
안전하다

しずかだ
조용하다

문장듣고따라하기

かのじょはしんせつです。
그녀는 친절합니다.

このペンはべんりです。
이 펜은 편리합니다.

ここのトイレはふべんです。
이곳의 화장실은 불편합니다.

よしもとせんせいはまじめです。
요시모토 선생님은 성실합니다.

このかいだんはきけんです。
이 계단은 위험합니다.

このはなはきれいです。

이 꽃은 예쁩니다.

このてがみはたいせつです。

이 편지는 소중합니다.

このもんだいはかんたんです。

이 문제는 간단합니다.

このまちはあんぜんです。

이 거리는 안전합니다.

このへやはしずかです。

이 방은 조용합니다.

문장듣고따라하기

このきょうしつはきれいです。

이 교실은 깨끗합니다.

ソウルのちかてつはべんりです。

서울의 지하철은 편리합니다.

* ソウル : 서울

このレストランはゆうめいです。

이 레스토랑은 유명합니다.

がっこうのともだちはしんせつです。

학교 친구는 친절합니다.

たなかさんはまじめです。

다나카 씨는 성실합니다.

このおもちゃはきけんです。

이 장난감은 위험합니다.

このとけいはたいせつです。

이 시계는 소중합니다.

このテストはかんたんです。

이 테스트는 간단합니다.

このビルはあんぜんです。

이 빌딩은 안전합니다.

このこうえんはしずかです。

이 공원은 조용합니다.

배운문장연습하기

01. 그녀는 친절합니다.

02. 이 펜은 편리합니다.

03. 이곳의 화장실은 불편합니다.

04. 요시모토 선생님은 성실합니다.

05. 이 계단은 위험합니다.

06. 이 꽃은 예쁩니다.

07. 이 편지는 소중합니다.

08. 이 문제는 간단합니다.

09. 이 거리는 안전합니다.

10. 이 방은 조용합니다.

11. 이 교실은 깨끗합니다.

12. 서울의 지하철은 편리합니다.

13. 이 레스토랑은 유명합니다.

14. 학교 친구는 친절합니다.

15. 다나카 씨는 성실합니다.

16. 이 장난감은 위험합니다.

17. 이 시계는 소중합니다.

18. 이 테스트는 간단합니다.

19. 이 빌딩은 안전합니다.

20. 이 공원은 조용합니다.

연습문제정답

01. 그녀는 친절합니다.

かのじょはしんせつです。

02. 이 펜은 편리합니다.

このペンはべんりです。

03. 이곳의 화장실은 불편합니다.

ここのトイレはふべんです。

04. 요시모토 선생님은 성실합니다.

よしもとせんせいはまじめです。

05. 이 계단은 위험합니다.

このかいだんはきけんです。

06. 이 꽃은 예쁩니다.

このはなはきれいです。

07. 이 편지는 소중합니다.

このてがみはたいせつです。

08. 이 문제는 간단합니다.

このもんだいはかんたんです。

09. 이 거리는 안전합니다.

このまちはあんぜんです。

10. 이 방은 조용합니다.

このへやはしずかです。

11. 이 교실은 깨끗합니다.

このきょうしつはきれいです。

12. 서울의 지하철은 편리합니다.

ソウルのちかてつはべんりです。

13. 이 레스토랑은 유명합니다.

このレストランはゆうめいです。

14. 학교 친구는 친절합니다.

がっこうのともだちはしんせつです。

15. 다나카 씨는 성실합니다.

たなかさんはまじめです。

16. 이 장난감은 위험합니다.

このおもちゃはきけんです。

17. 이 시계는 소중합니다.

このとけいはたいせつです。

18. 이 테스트는 간단합니다.

このテストはかんたんです。

19. 이 빌딩은 안전합니다.

このビルはあんぜんです。

20. 이 공원은 조용합니다.

このこうえんはしずかです。

13강 그는 일본어를 잘합니다

문장구조

+ が + だ + です

을/를   ~입니다

* 조사 「が」는 대부분 주어 뒤에서 '이/가'의 의미로 쓰입니다. 하지만 때로 특정한 서술어 앞에서 '을/를'로 해석되는데, 대표적인 경우가 「じょうずだ」, 「へただ」, 「すきだ」, 「きらいだ」입니다. 일본어에서 '을/를'에 대응되는 조사는 「を」이기 때문에 헷갈릴 수 있으니 잘 기억해 두세요. 「を」에 대해서는 동사 편에서 다시 공부하겠습니다.

단어공부

にほんご [니홍·고]	일본어	**えいご** [에-고]	영어
ちゅうごくご [츄-고쿠고]	중국어	**かんこくご** [캉·코쿠고]	한국어
じゅぎょう [쥬교-]	수업	**すうがく** [스-가쿠]	수학
かがく [카가쿠]	화학	**さくぶん** [사쿠붕·]	작문

문장을 만들어 봅시다.

じょうずだ [죠-즈다] 잘하다

へただ [헤타다] 못하다

すきだ [스키다] 좋아하다

きらいだ [키라이다] 싫어하다

にほんご + **が** + **じょうずだ** + **です**
일본어　　　을/를　　　잘하다　　　~입니다

えいご　　　　　　　　**へただ**
영어　　　　　　　　　　못하다

ちゅうごくご
중국어

かんこくご
한국어

すうがく + **が** + **すきだ** + **です**
수학　　　　을/를　　　좋아하다　　　~입니다

かがく　　　　　　　**きらいだ**
화학　　　　　　　　싫어하다

さくぶん
작문

+

じゅぎょう
수업

167

문장듣고따라하기

かれはにほんご<mark>が</mark>じょうず<mark>です</mark>。
그는 일본어를 잘합니다.

かれはえいご<mark>が</mark>じょうず<mark>です</mark>。
그는 영어를 잘합니다.

かれはちゅうごくご<mark>が</mark>じょうず<mark>です</mark>。
그는 중국어를 잘합니다.

かれはかんこくご<mark>が</mark>じょうず<mark>です</mark>。
그는 한국어를 잘합니다.

かのじょはにほんご<mark>が</mark><mark>へた</mark>です。
그녀는 일본어를 못합니다.

168

かのじょはえいごがへたです。
그녀는 영어를 못합니다.

かのじょはちゅうごくごがへたです。
그녀는 중국어를 못합니다.

かのじょはかんこくごがへたです。
그녀는 한국어를 못합니다.

たなかさんはかんこくごがじょうずです。
다나카 씨는 한국어를 잘합니다.

キムさんはにほんごがへたです。
김 씨는 일본어를 못합니다.

169

문장듣고따라하기

パクさんはケーキがすきです。

박 씨는 케이크를 좋아합니다.

パクさんはコーヒーがきらいです。

박 씨는 커피를 싫어합니다.

わたしはさくぶんのじゅぎょうがすきです。

나는 작문 수업을 좋아합니다.

よしもとさんはすうがくのじゅぎょうがきらいです。

요시모토 씨는 수학 수업을 싫어합니다.

よしもとさんはかがくのじゅぎょうがきらいです。

요시모토 씨는 화학 수업을 싫어합니다.

わたしはがっこうのせんせいがすきです。
나는 학교 선생님을 좋아합니다.

わたしはすうがくのじゅぎょうがすきです。
나는 수학 수업을 좋아합니다.

わたしはかがくのじゅぎょうがすきです。
나는 화학 수업을 좋아합니다.

わたしはがっこうのじゅぎょうがきらいです。
나는 학교 수업을 싫어합니다.

よしもとさんはさくぶんのじゅぎょうがきらいです。
요시모토 씨는 작문 수업을 싫어합니다.

배운문장연습하기

01. 그는 일본어를 잘합니다.

02. 그는 영어를 잘합니다.

03. 그는 중국어를 잘합니다.

04. 그는 한국어를 잘합니다.

05. 그녀는 일본어를 못합니다.

06. 그녀는 영어를 못합니다.

07. 그녀는 중국어를 못합니다.

08. 그녀는 한국어를 못합니다.

09. 다나카 씨는 한국어를 잘합니다.

10. 김 씨는 일본어를 못합니다.

11. 박 씨는 케이크를 좋아합니다.

12. 박 씨는 커피를 싫어합니다.

13. 나는 작문 수업을 좋아합니다.

14. 요시모토 씨는 수학 수업을 싫어합니다.

15. 요시모토 씨는 화학 수업을 싫어합니다.

16. 나는 학교 선생님을 좋아합니다.

17. 나는 수학 수업을 좋아합니다.

18. 나는 화학 수업을 좋아합니다.

19. 나는 학교 수업을 싫어합니다.

20. 요시모토 씨는 작문 수업을 싫어합니다.

연습문제정답

01. 그는 일본어를 잘합니다.

かれはにほんごがじょうずです。

02. 그는 영어를 잘합니다.

かれはえいごがじょうずです。

03. 그는 중국어를 잘합니다.

かれはちゅうごくごがじょうずです。

04. 그는 한국어를 잘합니다.

かれはかんこくごがじょうずです。

05. 그녀는 일본어를 못합니다.

かのじょはにほんごがへたです。

06. 그녀는 영어를 못합니다.

かのじょはえいごがへたです。

07. 그녀는 중국어를 못합니다.

かのじょはちゅうごくごがへたです。

08. 그녀는 한국어를 못합니다.

かのじょはかんこくごがへたです。

09. 다나카 씨는 한국어를 잘합니다.

たなかさんはかんこくごがじょうずです。

10. 김 씨는 일본어를 못합니다.

キムさんはにほんごがへたです。

11. 박 씨는 케이크를 좋아합니다.

パクさんはケーキがすきです。

12. 박 씨는 커피를 싫어합니다.

パクさんはコーヒーがきらいです。

13. 나는 작문 수업을 좋아합니다.

わたしはさくぶんのじゅぎょうがすきです。

14. 요시모토 씨는 수학 수업을 싫어합니다.

よしもとさんはすうがくのじゅぎょうがきらいです。

15. 요시모토 씨는 화학 수업을 싫어합니다.

よしもとさんはかがくのじゅぎょうがきらいです。

16. 나는 학교 선생님을 좋아합니다.

わたしはがっこうのせんせいがすきです。

17. 나는 수학 수업을 좋아합니다.

わたしはすうがくのじゅぎょうがすきです。

18. 나는 화학 수업을 좋아합니다.

わたしはかがくのじゅぎょうがすきです。

19. 나는 학교 수업을 싫어합니다.

わたしはがっこうのじゅぎょうがきらいです。

20. 요시모토 씨는 작문 수업을 싫어합니다.

よしもとさんはさくぶんのじゅぎょうがきらいです。

14강 이 그림은 예쁘지 않습니다

문장구조

주어 + **は** + 　　　　 **だ** + **じゃないです**
　　　　 은/는 　　　　　　　　　　 ~지 않습니다

* な형용사를 이용하여 부정문을 만들 때는 어미「だ」를 삭제하고「じゃないで
す」를 붙입니다.

단어공부

え [에]	그림	**ぶんがく** [붕·가쿠]	문학
かいぎ [카이기]	회의	**アパート** [아파-토]	아파트
いなか [이나카]	시골	**おかね** [오카네]	돈
こころ [코코로]	마음	**こうつう** [코-츠-]	교통
タクシー [타쿠시-]	택시	**せんぱい** [셈·빠이]	선배

문장을 만들어 봅시다.

주어 + **は** + **きれいだ** + **じゃないです**
은/는   예쁘다   ~지 않습니다

きらいだ
싫어하다

かんたんだ
간단하다

あんぜんだ
안전하다

しずかだ
조용하다

すきだ
좋아하다

たいせつだ
중요하다, 소중하다

ふべんだ
불편하다

べんりだ
편리하다

ゆうめいだ
유명하다

| このえはきれいじゃないです。

이 그림은 예쁘지 않습니다.

| ぶんがくはきらいじゃないです。

문학은 싫어하지 않습니다.

| あしたのかいぎはかんたんじゃないです。

내일 회의는 간단하지 않습니다.

| このアパートはあんぜんじゃないです。

이 아파트는 안전하지 않습니다.

| わたしのいなかはしずかじゃないです。

나의 고향은 조용하지 않습니다.

おかねはすきじゃないです。
돈은 좋아하지 않습니다.

こころはたいせつじゃないです。
마음은 중요하지 않습니다.

ここのこうつうはふべんじゃないです。
이곳의 교통은 불편하지 않습니다.

タクシーはべんりじゃないです。
택시는 편리하지 않습니다.

あのせんぱいはゆうめいじゃないです。
저 선배는 유명하지 않습니다.

문장듣고따라하기

あのレストランはきれいじゃないです。

저 레스토랑은 깨끗하지 않습니다.

にほんごはきらいじゃないです。

일본어는 싫어하지 않습니다.

えいごはかんたんじゃないです。

영어는 간단하지 않습니다.

このビルはあんぜんじゃないです。

이 빌딩은 안전하지 않습니다.

このこうえんはしずかじゃないです。

이 공원은 조용하지 않습니다.

このうたはすきじゃないです。

이 노래는 좋아하지 않습니다.

このとけいはたいせつじゃないです。

이 시계는 소중하지 않습니다.

ひこうきはふべんじゃないです。

비행기는 불편하지 않습니다.

いなかのバスはべんりじゃないです。

시골의 버스는 편리하지 않습니다.

わたしのともだちはゆうめいじゃないです。

나의 친구는 유명하지 않습니다.

배운문장연습하기

01. 이 그림은 예쁘지 않습니다.

02. 문학은 싫어하지 않습니다.

03. 내일 회의는 간단하지 않습니다.

04. 이 아파트는 안전하지 않습니다.

05. 나의 고향은 조용하지 않습니다.

06. 돈은 좋아하지 않습니다.

07. 마음은 중요하지 않습니다.

08. 이곳의 교통은 불편하지 않습니다.

09. 택시는 편리하지 않습니다.

10. 저 선배는 유명하지 않습니다.

11. 저 레스토랑은 깨끗하지 않습니다.

12. 일본어는 싫어하지 않습니다.

13. 영어는 간단하지 않습니다.

14. 이 빌딩은 안전하지 않습니다.

15. 이 공원은 조용하지 않습니다.

16. 이 노래는 좋아하지 않습니다.

17. 이 시계는 소중하지 않습니다.

18. 비행기는 불편하지 않습니다.

19. 시골의 버스는 편리하지 않습니다.

20. 나의 친구는 유명하지 않습니다.

연습문제정답

01. 이 그림은 예쁘지 않습니다.

このえはきれいじゃないです。

02. 문학은 싫어하지 않습니다.

ぶんがくはきらいじゃないです。

03. 내일 회의는 간단하지 않습니다.

あしたのかいぎはかんたんじゃないです。

04. 이 아파트는 안전하지 않습니다.

このアパートはあんぜんじゃないです。

05. 나의 고향은 조용하지 않습니다.

わたしのいなかはしずかじゃないです。

06. 돈은 좋아하지 않습니다.

おかねはすきじゃないです。

07. 마음은 중요하지 않습니다.

こころはたいせつじゃないです。

08. 이곳의 교통은 불편하지 않습니다.

ここのこうつうはふべんじゃないです。

09. 택시는 편리하지 않습니다.

タクシーはべんりじゃないです。

10. 저 선배는 유명하지 않습니다.

あのせんぱいはゆうめいじゃないです。

11. 저 레스토랑은 깨끗하지 않습니다.

あのレストランはきれいじゃないです。

12. 일본어는 싫어하지 않습니다.

にほんごはきらいじゃないです。

13. 영어는 간단하지 않습니다.

えいごはかんたんじゃないです。

14. 이 빌딩은 안전하지 않습니다.

このビルはあんぜんじゃないです。

15. 이 공원은 조용하지 않습니다.

このこうえんはしずかじゃないです。

16. 이 노래는 좋아하지 않습니다.

このうたはすきじゃないです。

17. 이 시계는 소중하지 않습니다.

このとけいはたいせつじゃないです。

18. 비행기는 불편하지 않습니다.

ひこうきはふべんじゃないです。

19. 시골의 버스는 편리하지 않습니다.

いなかのバスはべんりじゃないです。

20. 나의 친구는 유명하지 않습니다.

わたしのともだちはゆうめいじゃないです。

15강 그는 춤을 잘 춥니까?

문장구조

주어 + は + ⬜ だ + ですか
     은/는   ~합니까

보어 + が + ⬜ だ + ですか
     을/를   ~합니까

* な형용사를 이용하여 의문문을 만들 때는 어미 「だ」를 삭제하고 「ですか」를 붙입니다.

단어공부

ダンス [단·스]	춤, 댄스	**きっさてん** [킷·사텡·]	찻집, 커피숍
エレベーター [에레베-타-]	엘리베이터	**せいと** [세-토]	(중,고등학교) 학생
てんいん [텡·잉·]	점원	**テニス** [테니스]	테니스
スキー [스키-]	스키	**ピアノ** [피아노]	피아노
とうきょう [토-쿄-]	도쿄	**パン** [팡·]	빵

주어 + **は** + **きれいだ** + **ですか**
은/는   예쁘다, 깨끗하다   ~합니까

しんせつだ
친절하다

まじめだ
성실하다

べんりだ
편리하다

보어 + **が** + **じょうずだ** + **ですか**
을/를   잘하다   ~합니까

へただ
못하다

すきだ
좋아하다

きらいだ
싫어하다

문장듣고따라하기

かれはダンスがじょうずですか。

그는 춤을 잘 춥니까?

そのきっさてんはきれいですか。

그 찻집은 예쁩니까?

そのビルのエレベーターはべんりですか。

그 빌딩의 엘리베이터는 편리합니까?

このがっこうのせいとはまじめですか。

이 학교의 학생은 성실합니까?

あのレストランのてんいんはしんせつですか。

저 레스토랑의 점원은 친절합니까?

テニスがすきですか。

테니스를 좋아합니까?

スキーがきらいですか。

스키를 싫어합니까?

かのじょはにほんごがへたですか。

그녀는 일본어를 못합니까?

このビルのトイレはきれいですか。

이 빌딩의 화장실은 깨끗합니까?

あのびょういんのいしゃはしんせつですか。

저 병원의 의사는 친절합니까?

문장듣고따라하기

ピアノがすきですか。

피아노를 좋아합니까?

とうきょうのこうつうはべんりですか。

도쿄의 교통은 편리합니까?

キムさんはうたがじょうずですか。

김 씨는 노래를 잘합니까?

よしもとさんのがくせいはまじめですか。

요시모토 씨의 학생은 성실합니까?

よしもとさんはかんこくごがへたですか。

요시모토 씨는 한국어를 못합니까?

パンがきらいですか。

빵을 싫어합니까?

あのいけはきれいですか。

저 연못은 깨끗합니까?

ソウルのちかてつはべんりですか。

서울의 지하철은 편리합니까?

あのせんせいはまじめですか。

저 선생님은 성실합니까?

あのびょういんのかんごしはしんせつですか。

저 병원의 간호사는 친절합니까?

배운문장연습하기

01. 그는 춤을 잘 춥니까?

02. 그 찻집은 예쁩니까?

03. 그 빌딩의 엘리베이터는 편리합니까?

04. 이 학교의 학생은 성실합니까?

05. 저 레스토랑의 점원은 친절합니까?

06. 테니스를 좋아합니까?

07. 스키를 싫어합니까?

08. 그녀는 일본어를 못합니까?

09. 이 빌딩의 화장실은 깨끗합니까?

10. 저 병원의 의사는 친절합니까?

11. 피아노를 좋아합니까?

12. 도쿄의 교통은 편리합니까?

13. 김 씨는 노래를 잘합니까?

14. 요시모토 씨의 학생은 성실합니까?

15. 요시모토 씨는 한국어를 못합니까?

16. 빵을 싫어합니까?

17. 저 연못은 깨끗합니까?

18. 서울의 지하철은 편리합니까?

19. 저 선생님은 성실합니까?

20. 저 병원의 간호사는 친절합니까?

연습문제정답

01. 그는 춤을 잘 춥니까?

かれはダンスがじょうずですか。

02. 그 찻집은 예쁩니까?

そのきっさてんはきれいですか。

03. 그 빌딩의 엘리베이터는 편리합니까?

そのビルのエレベーターはべんりですか。

04. 이 학교의 학생은 성실합니까?

このがっこうのせいとはまじめですか。

05. 저 레스토랑의 점원은 친절합니까?

あのレストランのてんいんはしんせつですか。

06. 테니스를 좋아합니까?

テニスがすきですか。

07. 스키를 싫어합니까?

スキーがきらいですか。

08. 그녀는 일본어를 못합니까?

かのじょはにほんごがへたですか。

09. 이 빌딩의 화장실은 깨끗합니까?

このビルのトイレはきれいですか。

10. 저 병원의 의사는 친절합니까?

あのびょういんのいしゃはしんせつですか。

11. 피아노를 좋아합니까?

ピアノがすきですか。

12. 도쿄의 교통은 편리합니까?

とうきょうのこうつうはべんりですか。

13. 김 씨는 노래를 잘합니까?

キムさんはうたがじょうずですか。

14. 요시모토 씨의 학생은 성실합니까?

よしもとさんのがくせいはまじめですか。

15. 요시모토 씨는 한국어를 못합니까?

よしもとさんはかんこくごがへたですか。

16. 빵을 싫어합니까?

パンがきらいですか。

17. 저 연못은 깨끗합니까?

あのいけはきれいですか。

18. 서울의 지하철은 편리합니까?

ソウルのちかてつはべんりですか。

19. 저 선생님은 성실합니까?

あのせんせいはまじめですか。

20. 저 병원의 간호사는 친절합니까?

あのびょういんのかんごしはしんせつですか。

16강 어제의 일은 힘들었습니다

문장구조

주어 + は + 　　だ + でした
　　　은/는 　　　　　　　~었습니다

* な형용사를 이용하여 과거형을 만들 때는 어미「だ」를 삭제하고「でした」를 붙입니다.

단어공부

たいへんだ [타이헨·다]	힘들다	**げんきだ** [겡·키다]	활기차다
にぎやかだ [니기야카다]	떠들썩하다 시끌벅적하다	**くうこう** [쿠-코-]	공항
しごと [시고토]	일	**こえ** [코에]	목소리
むすこ [무스코]	아들	**むすめ** [무스메]	딸
べんきょう [벵·쿄-]	공부	**アルバイト** [아루바이토]	아르바이트

문장을 만들어 봅시다.

주어 + は + **たいへんだ** + **でした**
　　　은/는　　힘들다　　　~었습니다

げんきだ
활기차다

にぎやかだ
떠들썩하다, 시끌벅적하다

문장듣고따라하기

きのうのしごとはたいへんでした。

어제의 일은 힘들었습니다.

キムさんのむすめはげんきでした。

김 씨의 딸은 활기찼습니다.

ヨイドこうえんはにぎやかでした。

여의도공원은 떠들썩했습니다.

* ヨイド : 여의도

きのうのしあいはたいへんでした。

어제의 시합은 힘들었습니다.

えいごのべんきょうはたいへんでした。

영어 공부는 힘들었습니다.

パクさんのむすこはげんきでした。

박 씨의 아들은 활기찼습니다.

ソウルえきはにぎやかでした。

서울역은 떠들썩했습니다.

せんせいはげんきでした。

선생님은 활기찼습니다.

かのじょのこえはげんきでした。

그녀의 목소리는 활기찼습니다.

きのうのアルバイトはたいへんでした。

어제의 아르바이트는 힘들었습니다.

문장듣고따라하기

そのくうこうのこうつうはふべんでした。
그 공항의 교통은 불편했습니다.

よしもとせんせいはまじめでした。
요시모토 선생님은 성실했습니다.

ヨイドえきのかいだんはきけんでした。
여의도역의 계단은 위험했습니다.

きのうのテストはかんたんでした。
어제의 테스트는 간단했습니다.

としょかんはしずかでした。
도서관은 조용했습니다.

きのうのパーティーはにぎやかでした。

어제의 파티는 시끌벅적했습니다.

そのレストランのてんいんはしんせつでした。

그 레스토랑의 점원은 친절했습니다.

そのこうはいはゆうめいでした。

그 후배는 유명했습니다.

そのビルはあんぜんでした。

그 빌딩은 안전했습니다.

やすみのえいがかんはにぎやかでした。

휴일의 영화관은 시끌벅적했습니다.

배운문장연습하기

01. 어제의 일은 힘들었습니다.

02. 김 씨의 딸은 활기찼습니다.

03. 여의도공원은 떠들썩했습니다.

04. 어제의 시합은 힘들었습니다.

05. 영어 공부는 힘들었습니다.

06. 박 씨의 아들은 활기찼습니다.

07. 서울역은 떠들썩했습니다.

08. 선생님은 활기찼습니다.

09. 그녀의 목소리는 활기찼습니다.

10. 어제의 아르바이트는 힘들었습니다.

11. 그 공항의 교통은 불편했습니다.

12. 요시모토 선생님은 성실했습니다.

13. 여의도역의 계단은 위험했습니다.

14. 어제의 테스트는 간단했습니다.

15. 도서관은 조용했습니다.

16. 어제의 파티는 시끌벅적했습니다.

17. 그 레스토랑의 점원은 친절했습니다.

18. 그 후배는 유명했습니다.

19. 그 빌딩은 안전했습니다.

20. 휴일의 영화관은 시끌벅적했습니다.

연습문제정답

01. 어제의 일은 힘들었습니다.

きのうのしごとはたいへんでした。

02. 김 씨의 딸은 활기찼습니다.

キムさんのむすめはげんきでした。

03. 여의도공원은 떠들썩했습니다.

ヨイドこうえんはにぎやかでした。

04. 어제의 시합은 힘들었습니다.

きのうのしあいはたいへんでした。

05. 영어 공부는 힘들었습니다.

えいごのべんきょうはたいへんでした。

06. 박 씨의 아들은 활기찼습니다.

パクさんのむすこはげんきでした。

07. 서울역은 떠들썩했습니다.

ソウルえきはにぎやかでした。

08. 선생님은 활기찼습니다.

せんせいはげんきでした。

09. 그녀의 목소리는 활기찼습니다.

かのじょのこえはげんきでした。

10. 어제의 아르바이트는 힘들었습니다.

きのうのアルバイトはたいへんでした。

11. 그 공항의 교통은 불편했습니다.

そのくうこうのこうつうはふべんでした。

12. 요시모토 선생님은 성실했습니다.

よしもとせんせいはまじめでした。

13. 여의도역의 계단은 위험했습니다.

ヨイドえきのかいだんはきけんでした。

14. 어제의 테스트는 간단했습니다.

きのうのテストはかんたんでした。

15. 도서관은 조용했습니다.

としょかんはしずかでした。

16. 어제의 파티는 시끌벅적했습니다.

きのうのパーティーはにぎやかでした。

17. 그 레스토랑의 점원은 친절했습니다.

そのレストランのてんいんはしんせつでした。

18. 그 후배는 유명했습니다.

そのこうはいはゆうめいでした。

19. 그 빌딩은 안전했습니다.

そのビルはあんぜんでした。

20. 휴일의 영화관은 시끌벅적했습니다.

やすみのえいがかんはにぎやかでした。

17강 월요일은 한가하지 않았습니다

문장구조

주어 + は + ⬜ だ+ じゃなかったです
　　　　은/는　　　　　　　　　　~지 않았습니다

*な형용사를 이용하여 과거부정 문장을 만들 때는 어미 「だ」를 삭제하고 「じゃな
かったです」를 붙입니다. 「じゃ<u>なかった</u>です」는 15강에서 배운「じゃ<u>ない</u>
です」의 과거형입니다.

단어공부

じょうぶだ [죠-부다]	튼튼하다	**ていねいだ** [테-네-다]	정중하다
ひまだ [히마다]	한가하다	**たいくつだ** [타이쿠츠다]	지루하다
みせ [미세]	가게	**れんしゅう** [렌 · 슈-]	연습
こども [코도모]	아이	**こうぎ** [코-기]	강의
しけん [시켕 ·]	시험	**みなと** [미나토]	항구

문장을 만들어 봅시다.

주어 + は +
은/는

じょうぶだ
튼튼하다

+ じゃなかったです
~지 않았습니다

ていねいだ
정중하다

ひまだ
한가하다

たいくつだ
지루하다

にぎやかだ
떠들썩하다

たいへんだ
힘들다

げんきだ
활기차다

かんたんだ
간단하다

しずかだ
조용하다

まじめだ
성실하다

문장듣고따라하기

げつようびは
ひまじゃなかったです。
월요일은 한가하지 않았습니다.

たなかせんせいは
まじめじゃなかったです。
다나카 선생님은 성실하지 않았습니다.

このつくえは
じょうぶじゃなかったです。
이 책상은 튼튼하지 않았습니다.

がっこうのこうぎは
たいくつじゃなかったです。
학교 강의는 지루하지 않았습니다.

あのレストランのてんいんは
ていねいじゃなかったです。
저 레스토랑의 점원은 정중하지 않았습니다.

あのみせは
にぎやかじゃなかったです。

저 가게는 떠들썩하지 않았습니다.

かのじょのこどもは
げんきじゃなかったです。

그녀의 아이는 활기차지 않았습니다.

きのうのしけんは
かんたんじゃなかったです。

어제의 시험은 간단하지 않았습니다.

あのみなとは
しずかじゃなかったです。

저 항구는 조용하지 않았습니다.

きのうのれんしゅうは
たいへんじゃなかったです。

어제의 연습은 힘들지 않았습니다.

문장듣고따라하기

このたてものは
じょうぶじゃなかったです。
이 건물은 튼튼하지 않았습니다.

あのびょういんのいしゃは
ていねいじゃなかったです。
저 병원의 의사는 정중하지 않았습니다.

クリスマスは
ひまじゃなかったです。
크리스마스는 한가하지 않았습니다.

にほんごのじゅぎょうは
たいくつじゃなかったです。
일본어 수업은 지루하지 않았습니다.

そのじんじゃは
にぎやかじゃなかったです。
그 신사는 떠들썩하지 않았습니다.

えいごのべんきょうは
たいへんじゃなかったです。

영어 공부는 힘들지 않았습니다.

かれのこえは
げんきじゃなかったです。

그의 목소리는 활기차지 않았습니다.

かんこくごのテストは
かんたんじゃなかったです。

한국어 테스트는 간단하지 않았습니다.

がっこうのとしょかんは
しずかじゃなかったです。

학교의 도서관은 조용하지 않았습니다.

よしもとさんのこどもは
まじめじゃなかったです。

요시모토 씨의 아이는 성실하지 않았습니다.

배운문장연습하기

01. 월요일은 한가하지 않았습니다.

02. 다나카 선생님은 성실하지 않았습니다.

03. 이 책상은 튼튼하지 않았습니다.

04. 학교 강의는 지루하지 않았습니다.

05. 저 레스토랑의 점원은 정중하지 않았습니다.

06. 저 가게는 떠들썩하지 않았습니다.

07. 그녀의 아이는 활기차지 않았습니다.

08. 어제의 시험은 간단하지 않았습니다.

09. 저 항구는 조용하지 않았습니다.

10. 어제의 연습은 힘들지 않았습니다.

배운문장연습하기

11. 이 건물은 튼튼하지 않았습니다.

12. 저 병원의 의사는 정중하지 않았습니다.

13. 크리스마스는 한가하지 않았습니다.

14. 일본어 수업은 지루하지 않았습니다.

15. 그 신사는 떠들썩하지 않았습니다.

16. 영어 공부는 힘들지 않았습니다.

17. 그의 목소리는 활기차지 않았습니다.

18. 한국어 테스트는 간단하지 않았습니다.

19. 학교의 도서관은 조용하지 않았습니다.

20. 요시모토 씨의 아이는 성실하지 않았습니다.

연습문제정답

01. 월요일은 한가하지 않았습니다.

> げつようびはひまじゃなかったです。

02. 다나카 선생님은 성실하지 않았습니다.

> たなかせんせいはまじめじゃなかったです。

03. 이 책상은 튼튼하지 않았습니다.

> このつくえはじょうぶじゃなかったです。

04. 학교 강의는 지루하지 않았습니다.

> がっこうのこうぎはたいくつじゃなかったです。

05. 저 레스토랑의 점원은 정중하지 않았습니다.

> あのレストランのてんいんはていねいじゃなかったです。

06. 저 가게는 떠들썩하지 않았습니다.

あのみせはにぎやかじゃなかったです。

07. 그녀의 아이는 활기차지 않았습니다.

かのじょのこどもはげんきじゃなかった
です。

08. 어제의 시험은 간단하지 않았습니다.

きのうのしけんはかんたんじゃなかった
です。

09. 저 항구는 조용하지 않았습니다.

あのみなとはしずかじゃなかったです。

10. 어제의 연습은 힘들지 않았습니다.

きのうのれんしゅうはたいへんじゃなかっ
たです。

연습문제정답

11. 이 건물은 튼튼하지 않았습니다.

このたてものはじょうぶじゃなかったです。

12. 저 병원의 의사는 정중하지 않았습니다.

あのびょういんのいしゃはていねいじゃなかったです。

13. 크리스마스는 한가하지 않았습니다.

クリスマスはひまじゃなかったです。

14. 일본어 수업은 지루하지 않았습니다.

にほんごのじゅぎょうはたいくつじゃなかったです。

15. 그 신사는 떠들썩하지 않았습니다.

そのじんじゃはにぎやかじゃなかったです。

16. 영어 공부는 힘들지 않았습니다.

えいごのべんきょうはたいへんじゃなかっ
たです。

17. 그의 목소리는 활기차지 않았습니다.

かれのこえはげんきじゃなかったです。

18. 한국어 테스트는 간단하지 않았습니다.

かんこくごのテストはかんたんじゃなかっ
たです。

19. 학교의 도서관은 조용하지 않았습니다.

がっこうのとしょかんはしずかじゃなかっ
たです。

20. 요시모토 씨의 아이는 성실하지 않았습니다.

よしもとさんのこどもはまじめじゃなかっ
たです。

일빵빵 왕초보 일본어 1
명사 & な형용사 편

시간과 날짜 말하기
18강 ~ 20강

18강 지금 몇 시입니까?

문장구조

Q : **いま、なんじですか。**
　　지금　　　　몇 시　　　~입니까?

A : **⬛ じ** + **⬛ ふん** + **です**
　　　　시　　　　　분　　　　~입니다

* 「なんじ」는 '몇 시'를 뜻합니다.

단어공부

いち [이치]	1	**に** [니]	2
さん [상 ·]	3	**し · よん** [시/용 ·]	4
ご [고]	5	**ろく** [로쿠]	6
しち · なな [시치/나나]	7	**はち** [하치]	8
く · きゅう [쿠/큐-]	9	**じゅう** [쥬-]	10

* 4, 7, 9는 읽는 방법이 두가지입니다.

1시	2시	3시	4시
いちじ	**にじ**	**さんじ**	**よじ**
[이치지]	[니지]	[산·지]	[요지]
5시	6시	7시	8시
ごじ	**ろくじ**	**しちじ**	**はちじ**
[고지]	[로쿠지]	[시치지]	[하치지]
9시	10시	11시	12시
くじ	**じゅうじ**	**じゅういちじ**	**じゅうにじ**
[쿠지]	[쥬-지]	[쥬-이치지]	[쥬-니지]

* 시간을 나타날 때는 숫자 뒤에 じ를 붙이면 됩니다.
* 4, 7, 9는 읽는 방법이 두가지이지만 4시, 7시, 9시는 각각 「よじ」, 「しちじ」, 「くじ」로만 읽습니다.

1분	2분	3분	4분
いっぷん	**にふん**	**さんぷん**	**よんぷん**
[입·뿡·]	[니훙·]	[삼·뿡]	[욤·뿡·]
5분	6분	7분	8분
ごふん	**ろっぷん**	**ななふん**	**はっぷん**
[고훙·]	[롭·뿡·]	[나나훙·]	[합·뿡·]
9분		10분	
きゅうふん		**じゅっぷん・じっぷん**	
[큐-훙·]		[쥽·뿡·/집·뿡·]	

* 분을 표현할 때는 숫자 뒤에 「ふん」을 붙이지만, 1분, 3분, 4분, 6분, 8분, 10분의 경우 「ぷん」을 씁니다.

문장듣고따라하기

いちじごふん
1시 5분

にじにじゅういっぷん
2시 21분

さんじごじゅうさんぷん
3시 53분

さんじじゅっぷん / さんじじっぷん
3시 10분

よじよんじゅうごふん
4시 45분

よじにじゅっぷん / よじにじっぷん
4시 20분

ごじじゅうななふん
5시 17분

ろくじさんじゅうにふん
6시 32분

しちじごじゅうよんぷん
7시 54분

しちじよんじゅうななふん
7시 47분

いま、なんじですか。

지금 몇 시입니까?

はちじじゅうさんぷんです。

8시 13분입니다.

くじさんじゅうななふんです。

9시 37분입니다.

くじにじゅうよんぷんです。

9시 24분입니다.

じゅうじにじゅうはっぷんです。

10시 28분입니다.

문장을 듣고 따라 해 봅시다.

じゅうじさんじゅうろっぷんです。
10시 36분입니다.

じゅういちじよんじゅうよんぷんです。
11시 44분입니다.

じゅういちじよんじゅうごふんです。
11시 45분입니다.

じゅうにじごじゅうきゅうふんです。
12시 59분입니다.

じゅうにじごじゅうはっぷんです。
12시 58분입니다.

배운문장연습하기

01. 지금 몇 시입니까?

02. 1시 5분입니다.

03. 2시 21분입니다.

04. 3시 53분입니다.

05. 4시 45분입니다.

06. 5시 17분입니다.

07. 6시 38분입니다.

08. 7시 29분입니다.

09. 7시 54분입니다.

10. 8시 16분입니다.

11. 9시 37분입니다.

12. 10시 28분입니다.

13. 11시 44분입니다.

14. 12시 59분입니다.

15. 4시 22분입니다.

16. 7시 10분입니다.

17. 9시 49분입니다.

18. 4시 37분입니다.

19. 1시 25분입니다.

20. 7시 30분입니다.

연습문제정답

01. 지금 몇 시입니까?

いま、なんじですか。

02. 1시 5분입니다.

いちじごふんです。

03. 2시 21분입니다.

にじにじゅういっぷんです。

04. 3시 53분입니다.

さんじごじゅうさんぷんです。

05. 4시 45분입니다.

よじよんじゅうごふんです。

06. 5시 17분입니다.

ごじじゅうななふんです。

07. 6시 38분입니다.

ろくじさんじゅうはっぷんです。

08. 7시 29분입니다.

しちじにじゅうきゅうふんです。

09. 7시 54분입니다.

しちじごじゅうよんぷんです。

10. 8시 16분입니다.

はちじじゅうろっぷんです。

11. 9시 37분입니다.

くじさんじゅうななふんです。

12. 10시 28분입니다.

じゅうじにじゅうはっぷんです。

13. 11시 44분입니다.

じゅういちじよんじゅうよんぷんです。

14. 12시 59분입니다.

じゅうにじごじゅうきゅうふんです。

15. 4시 22분입니다.

よじにじゅうにふんです。

16. 7시 10분입니다.

しちじじゅっぷん(じっぷん)です。

17. 9시 49분입니다.

くじよんじゅうきゅうふんです。

18. 4시 37분입니다.

よじさんじゅうななふんです。

19. 1시 25분입니다.

いちじにじゅうごふんです。

20. 7시 30분입니다.

しちじさんじゅっぷん(さんじっぷん)です。

19강

시험은 언제입니까?

문장구조

Q : 주어 + は + いつ + ですか
　　　　　은/는　　언제　　~입니까?

A : ⬜ がつ ⬜ にち + です
　　　　　월　　　　　일　　　~입니다

*「いつ」는 '언제'라는 뜻으로, 「ですか」를 붙이면 '언제입니까?'라는 뜻이 됩니다.

단어공부

いちがつ [이치가츠]	1월	**にがつ** [니가츠]	2월
さんがつ [상·가츠]	3월	**しがつ** [시가츠]	4월
ごがつ [고가츠]	5월	**ろくがつ** [로쿠가츠]	6월
しちがつ [시치가츠]	7월	**はちがつ** [하치가츠]	8월
くがつ [쿠가츠]	9월	**じゅうがつ** [쥬-가츠]	10월
じゅういちがつ [쥬-이치가츠]	11월	**じゅうにがつ** [쥬-니가츠]	12월

* 숫자 4, 7, 9는 읽는 방법이 두가지이지만, 4월, 7월, 9월은 각각 しがつ, しちがつ, くがつ로만 읽습니다.

1일	2일	3일	4일	5일
ついたち	**ふつか**	**みっか**	**よっか**	**いつか**
[츠이타치]	[후츠카]	[믹 · 카]	[욕 · 카]	[이츠카]
6일	7일	8일	9일	10일
むいか	**なのか**	**ようか**	**ここのか**	**とおか**
[무이카]	[나노카]	[요-카]	[코코노카]	[토-카]

11일	12일	13일
じゅういちにち	**じゅうににち**	**じゅうさんにち**
[쥬-이치니치]	[쥬-니니치]	[쥬-상 · 니치]
14일	15일	17일
じゅうよっか	**じゅうごにち**	**じゅうしちにち**
[쥬-욕 · 카]	[쥬-고니치]	[쥬-시치니치]
19일	20일	24일
じゅうくにち	**はつか**	**にじゅうよっか**
[쥬-쿠니치]	[하츠카]	[니쥬-욕 · 카]
27일	29일	30일
にじゅうしちにち	**にじゅうくにち**	**さんじゅうにち**
[니쥬-시치니치]	[니쥬-쿠니치]	[상 · 쥬-니치]

* '일'은 「숫자 + にち(日)」와 같이 표현합니다. 다만 1일~10일, 14일, 20일, 24일은 표현 방법이 다르므로 외워둡시다.

문장듣고따라하기

ごがつはつか
5월 20일

にがつふつか
2월 2일

はちがつさんじゅうにち
8월 30일

しがついつか
4월 5일

じゅういちがつじゅうよっか
11월 14일

문장을 듣고 따라 해 봅시다.

しちがつむいか
7월 6일

しがつじゅうしちにち
4월 17일

はちがつとおか
8월 10일

ろくがつじゅうごにち
6월 15일

じゅうがつようか
10월 8일

문장듣고따라하기

たんじょうびはいつですか。
생일은 언제입니까?

ごがつにじゅうににちです。
5월 22일입니다.

にがつようかです。
2월 8일입니다

いちがつにじゅうごにちです。
1월 25일입니다.

じゅうにがつとおかです。
12월 10일입니다.

しけんはいつですか。
시험은 언제입니까?

さんがつここのかです。
3월 9일입니다.

じゅうにがつじゅうしちにちです。
12월 17일입니다.

しちがつさんじゅういちにちです。
7월 31일입니다.

くがつついたちです。
9월 1일입니다.

배운문장연습하기

01. 시험은 언제입니까?

02. 5월 20일입니다.

03. 4월 17일입니다.

04. 11월 14일입니다.

05. 8월 30일입니다.

06. 10월 1일입니다.

07. 1월 28일입니다.

08. 6월 15일입니다.

09. 2월 3일입니다.

10. 7월 29일입니다.

11. 생일은 언제입니까?

12. 3월 13일입니다.

13. 12월 10일입니다.

14. 9월 27일입니다.

15. 11월 4일입니다.

16. 1월 7일입니다.

17. 5월 9일입니다.

18. 7월 31일입니다.

19. 4월 20일입니다.

20. 2월 8일입니다.

연습문제정답

01. 시험은 언제입니까?

しけんはいつですか。

02. 5월 20일입니다.

ごがつはつかです。

03. 4월 17일입니다.

しがつじゅうしちにちです。

04. 11월 14일입니다.

じゅういちがつじゅうよっかです。

05. 8월 30일입니다.

はちがつさんじゅうにちです。

06. 10월 1일입니다.

じゅうがつついたちです。

07. 1월 28일입니다.

いちがつにじゅうはちにちです。

08. 6월 15일입니다.

ろくがつじゅうごにちです。

09. 2월 3일입니다.

にがつみっかです。

10. 7월 29일입니다.

しちがつにじゅうくにちです。

11. 생일은 언제입니까?

たんじょうびはいつですか。

12. 3월 13일입니다.

さんがつじゅうさんにちです。

13. 12월 10일입니다.

じゅうにがつとおかです。

14. 9월 27일입니다.

くがつにじゅうしちにちです。

15. 11월 4일입니다.

じゅういちがつよっかです。

16. 1월 7일입니다.

いちがつなのかです。

17. 5월 9일입니다.

ごがつここのかです。

18. 7월 31일입니다.

しちがつさんじゅういちにちです。

19. 4월 20일입니다.

しがつはつかです。

20. 2월 8일입니다.

にがつようかです。

20강 야구는 12시부터 3시까지입니다

문장구조

주어 + **は** + ◯◯ **から**+ ◯◯ **まで** + **です**

은/는 　　　 부터 　　　 까지 　 ~입니다

단어공부

やきゅう [야큐-]	야구	**サッカー** [삭·카-]	축구
かいしゃ [카이샤]	회사	**まつり** [마츠리]	축제
れんきゅう [렝·큐-]	연휴	**なつやすみ** [나츠야스미]	여름방학
はる [하루]	봄	**なつ** [나츠]	여름
あき [아키]	가을	**ふゆ** [후유]	겨울

문장만들기   문장을 만들어 봅시다.

じゅうにじ + **から** + **さんじ** + **まで**
12시   부터   3시   까지

ごじ + **から** + **しちじ** + **まで**
5시   부터   7시   까지

くじ + **から** + **ろくじ** + **まで**
9시   부터   6시   까지

もくようび + **から** + **にちようび** + **まで**
목요일   부터   일요일   까지

どようび + **から** + **かようび** + **まで**
토요일   부터   화요일   까지

さんがつ + **から** + **ごがつ** + **まで**
3월   부터   5월   까지

ろくがつ + **から** + **はちがつ** + **まで**
6월   부터   8월   까지

くがつ + **から** + **じゅういちがつ** + **まで**
9월   부터   11월   까지

문장듣고따라하기

やきゅうはじゅうにじからさんじまでです。
야구는 12시부터 3시까지입니다.

サッカーはごじからしちじまでです。
축구는 5시부터 7시까지입니다.

かいしゃはくじからろくじまでです。
회사는 9시부터 6시까지입니다.

まつりはもくようびからにちようびまでです。
축제는 목요일부터 일요일까지입니다.

れんきゅうはどようびから
かようびまでです。
연휴는 토요일부터 화요일까지입니다.

はるはさんがつからごがつまでです。

봄은 3월부터 5월까지입니다.

なつはろくがつからはちがつまでです。

여름은 6월부터 8월까지입니다.

あきはくがつからじゅういちがつまでです。

가을은 9월부터 11월까지입니다.

ふゆはじゅうにがつからにがつまでです。

겨울은 12월부터 2월까지입니다.

なつやすみはしちがつとおかから
はちがつにじゅうくにちまでです。

여름방학은 7월 10일부터 8월 29일까지입니다.

문장듣고따라하기

ゆうびんきょくはくじから
しちじまでです。
우체국은 9시부터 7시까지입니다.

としょかんははちじから
ろくじさんじゅっぷんまでです。
도서관은 8시부터 6시 30분까지입니다.

じゅぎょうはじゅういちじから
にじまでです。
수업은 11시부터 2시까지입니다.

しけんはすいようびから
きんようびまでです。
시험은 수요일부터 금요일까지입니다.

アルバイトはげつようびから
すいようびまでです。
아르바이트는 월요일부터 수요일까지입니다.

がっこうはしがつから
じゅういちがつまでです。

학교는 4월부터 11월까지입니다.

どうぶつえんはしちがつから
じゅうがつまでです。

동물원은 7월부터 10월까지입니다.

やすみはいちがつから
さんがつまでです。

휴가는 1월부터 3월까지입니다.

プールはろくがつから
はちがつまでです。

수영장은 6월부터 8월까지입니다.

なつやすみはろくがつじゅうよっかから
しちがつはつかまでです。

여름방학은 6월14일부터 7월 20일까지입니다.

배운문장연습하기

01. 야구는 12시부터 3시까지입니다.

02. 축구는 5시부터 7시까지입니다.

03. 회사는 9시부터 6시까지입니다.

04. 축제는 목요일부터 일요일까지입니다.

05. 연휴는 토요일부터 화요일까지입니다.

06. 봄은 3월부터 5월까지입니다.

07. 여름은 6월부터 8월까지입니다.

08. 가을은 9월부터 11월까지입니다.

09. 겨울은 12월부터 2월까지입니다.

10. 여름방학은 7월 10일부터 8월 29일까지입니다.

배운문장연습하기

11. 우체국은 9시부터 7시까지입니다.

12. 도서관은 8시부터 6시30분까지입니다.

13. 수업은 11시부터 2시까지입니다.

14. 시험은 수요일부터 금요일까지입니다.

15. 아르바이트는 월요일부터 수요일까지입니다.

16. 학교는 4월부터 11월까지입니다.

17. 동물원은 7월부터 10월까지입니다.

18. 휴가는 1월부터 3월까지입니다.

19. 수영장은 6월부터 8월까지입니다.

20. 여름방학은 6월14일부터 7월 20일까지입니다.

연습문제정답

01. 야구는 12시부터 3시까지입니다.

> やきゅうはじゅうにじからさんじまでです。

02. 축구는 5시부터 7시까지입니다.

> サッカーはごじからしちじまでです。

03. 회사는 9시부터 6시까지입니다.

> かいしゃはくじからろくじまでです。

04. 축제는 목요일부터 일요일까지입니다.

> まつりはもくようびからどようびまでで
> す。

05. 연휴는 토요일부터 화요일까지입니다.

> れんきゅうはどようびからかようびまで
> です。

06. 봄은 3월부터 5월까지입니다.

はるはさんがつからごがつまでです。

07. 여름은 6월부터 8월까지입니다.

なつはろくがつからはちがつまでです。

08. 가을은 9월부터 11월까지입니다.

あきはくがつからじゅういちがつまでです。

09. 겨울은 12월부터 2월까지입니다.

ふゆはじゅうにがつからにがつまでです。

10. 여름방학은 7월 10일부터 8월 29일까지입니다.

なつやすみはしちがつとおかからはちがつにじゅうくにちまでです。

연습문제정답

11. 우체국은 9시부터 7시까지입니다.

> ゆうびんきょくはくじからしちじまでで
> す。

12. 도서관은 8시부터 6시30분까지입니다.

> としょかんははちじからろくじさんじゅっ
> ぷん(さんじっぷん)までです。

13. 수업은 11시부터 2시까지입니다.

> じゅぎょうはじゅういちじからにじまで
> です。

14. 시험은 수요일부터 금요일까지입니다.

> じけんはすいようびからきんようびまで
> です。

15. 아르바이트는 월요일부터 수요일까지입니다.

> アルバイトはげつようびからすいようび
> までです。

16. 학교는 4월부터 11월까지입니다.

がっこうはしがつからじゅういちがつま
でです。

17. 동물원은 7월부터 10월까지입니다.

どうぶつえんはしちがつからじゅうがつ
までです。

18. 휴가는 1월부터 3월까지입니다.

やすみはいちがつからさんがつまでで
す。

19. 수영장은 6월부터 8월까지입니다.

プールはろくがつからはちがつまでで
す。

20. 여름방학은 6월14일부터 7월 20일까지입니다.

なつやすみはろくがつじゅうよっかから
しちがつはつかまでです。